Madeleine Delbrêl
Gebet in einem weltlichen Leben

AF197038

Beten heute 4

Madeleine Delbrêl

Gebet
in einem weltlichen Leben

Johannes Verlag

Vorliegendes Buch ist ein Auszug aus
«La Joie de Croire»
Editions du Seuil 1968
Die Übersetzung besorgten Hans Urs von Balthasar
und Cornelia Capol

Umschlagbild:
Tauben und Reblinge des Heiligen Weinstocks
San Vitale, Ravenna

8. Auflage 2018
© Johannes Verlag, Einsiedeln 1974
Alle Rechte vorbehalten
Druck: Pustet, Regensburg
ISBN 978 3 89411 116 8

Inhalt

III. Gebetetes Leben

Vorwort

Es mag gewagt erscheinen, eine so leuchtende, in ihrem sozialen Wirken so expansive, durch ihre Verbindungen mit dem Rathaus von Ivry, der kommunistischen Hochburg Frankreichs, so einmalige Gestalt wie Madeleine Delbrêl einer deutschen Leserschaft ausgerechnet von ihren Texten über Innerlichkeit und Gebet her vorzustellen. Aber andere Texte, die das äußere Wirken dieser zu den bedeutendsten Frauen unseres Jahrhunderts zählenden Kämpferin schildern werden, sind bereits im Erscheinen begriffen.[1] Madeleine ist nicht deshalb so originell, weil sie als Christin ungeschützt in kommunistischer Umgebung und mit Kommunisten arbeitete, sondern weil sie durch alles hindurch einen unbeirrbaren, glühenden Christenglauben in sich trug, einen ebenso naiven wie tief reflektierten Glauben, den sie in einer Sprengung aller traditionellen Formen immer neu bestätigte und der ihr zugleich eine durch keinerlei schmerzliche Enttäuschungen irrezumachende Liebe zur katholischen Kirche einflößte, aus deren Mysterium sie lebte und ihren grenzenlosen liebenden Einsatz für ihre nichtchristlichen Brüder zog. Auf diese innerste Quelle, die ihr ganzes Wirken befruchtete, woraus sie auch nie ein Hehl gemacht hat, möchte dieses erste kurze Buch über sie zuschreiten. Denn daß alle ihre weltverändernde Kraft aus einem mitten im Trubel unablässig

---

[1] Das 1957 von ihr selbst herausgegebene Buch: Ville Marxiste, terre de mission, erscheint, von Victor Conzemius eingeleitet, gleichzeitig mit dem vorliegenden im Verlag Knecht, Frankfurt.

betenden, den Blick von Gott nie abwendenden Herzen stammt, macht ihre tiefste Aktualität aus.

Madeleine Delbrêl wurde 1904 zu Mussidan (Dordogne) geboren, im Haus ihrer Großeltern mütterlicherseits.[2] Der Vater, Eisenbahnbeamter, wurde im Lauf seiner Karriere oft versetzt: Lorient, Nantes, Bordeaux, Châteauroux, endlich 1913 Montluçon, was für die Ausbildung des Mädchens wenig förderlich war; es erhält Privatstunden, findet Kontakt mit einigen frommen Priestern, die in ihr einen schlichten, lebendigen Glauben erwecken. Das Bild ändert sich, sobald der Vater 1916 nach Paris berufen wird und Madeleine in agnostische und atheistische Kreise gerät, unter deren Einfluß ihr christlicher Glaube erlischt: «Wenn außergewöhnliche Menschen mir zwischen sieben und zwölf Jahren den Glauben beigebracht hatten, gaben mir nicht weniger außergewöhnliche Menschen in der Folge die entgegengesetzte Ausbildung. Mit fünfzehn war ich strikt atheistisch und fand die Welt täglich absurder.» «Gott im zwanzigsten Jahrhundert war absurd», wird sie später schreiben, «unvereinbar mit einem gesunden Verstand, er war unerträglich, weil unklassierbar.» Mit siebzehn verfaßt sie, schon in ihrer so bezeichnenden späteren lyrischen Prosa – rhythmisch, zugriffig, zugleich feierlich und unakademisch – eine Art nihilistisches Manifest: «Gott ist tot – es lebe der Tod.» Ist Gott absurd, so ist freilich der Tod es noch viel mehr, und die Welt und ihre Geschichte enthüllen sich «als denkbar düsterste Farce». 1924: «Mit zwanzig Jahren eine heftige Konversion, gefolgt von einem vernünftigen religiösen

---

[2] Wir folgen für diese wenigen biographischen Daten der Darstellung Jacques Loews, mit dem sie freundschaftlich verbunden war und der die bisher bedeutendste Auswahl aus ihren Schriften herausgab: Nous autres gens des rues, Textes missionaires présentés par Jacques Loew, Ed. du Seuil, Paris 1966.

Suchen.» 1927: ein Band Gedichte.[3] Die Konversion war in der Tat so «heftig», daß sie bis zu ihrem Tod (1964) anhielt: Gott ist für sie das täglich neue Wunder, das sie als ein unbegreifliches Geschenk, als Gabe, Hingabe erlebt und nur mit der untrennbar doppelten Hingabe ihrer selbst beantworten kann: an Gott im Gebet, an den Mitmenschen in oder außerhalb der Kirche. Zuerst dachte sie daran, in den Karmel einzutreten, dessen Fruchtbarkeit, wie ein schöner Text über Therese von Lisieux zeigt, sie genau begriffen hat. Aber dann beschließt sie, ihr Leben mitten in der weltlichsten Welt Gott zu weihen, denn sie weiß um das Geheimnis der Kirche, die keine «Institution» ist, sondern Christi lebendiger Leib, in dem die Glieder, so einsam sie in der Welt zu leben scheinen, durch ein ganz anderes Band verbunden sind als das der bloßen Brüderlichkeit. «Ein realistisches Leben nach dem Evangelium kann man nicht in einer abstrakten Kirche leben.» Und selbst wenn wir an der Kirche leiden müssen – und Madeleine, mit allen dramatischen Bewegungen der «Mission de France» und der Arbeiterpriester verbunden – hat tief an ihr leiden müssen –, so ist auch dieses Leiden noch ein Zeichen, daß man am rechten Ort ist: «Eine realistische Liebe zur Kirche führt notwendig dazu, Schläge einzustecken und Wunden zu tragen... So lassen wir Gottes Leben in die Welt entströmen. Nichts kann uns tiefer in die intime Realität der Kirche einführen.»

Madeleine beschließt, mit zwei andern Gefährtinnen im Sozialdienst nach Ivry arbeiten zu gehen; von 1933 an wird dies für dreißig Jahre ihr Hauptquartier sein. Sie arbeitet zuerst privat, dann im öffentlichen Dienst. 1935 gibt Maurice Thorez die Parole von der

---

[3] La Route, bei A. Lamerre 1927. Dafür erhält sie den Preis Sully-Prudhomme.

«Main tendue», der zur Zusammenarbeit ausgestreckten Hand, aus. Ein aus Christen und Kommunisten gemischtes Komitee für soziale Hilfe (es war die Zeit der großen Arbeitslosigkeit) «leistet eine enorme praktische Arbeit». Im Krieg – Ivry wird zweimal bombardiert – verdoppelt sie sich noch; nach der Befreiung ist Ivry weiterhin kommunistisch, Madeleine erfährt in der engen freundschaftlichen Zusammenarbeit mit den «großen Figuren» der Partei, die sie gern für diese gewonnen hätten, «ihre Versuchung zum Marxismus, zu einer Zeit, da es noch originell gewesen wäre, ihr zu erliegen». Obschon es ihr nie eingefallen war, ihr eigenes Wirken den pfarrlichen Organisationen gegenüberzustellen, sie vielmehr dauernd in den letztern mitarbeitete, kam es doch 1944 zu einer Art zweiten Konversion, in der Gott das schlechthinnige Übergewicht über alles erhält, auch wenn in dieses «Alles» die christliche wie die kommunistische Sorge um das Wohl der Menschheit zu liegen kamen. «Gott war und bleibt für mich das blendende Wunder. Es war mir und es bleibt mir unmöglich, Gott auf der gleichen Waage in die eine Schale zu legen und in die andere alle Güter der Welt, die meinen und die der ganzen Menschheit.» Sie hat die Ideale des Kommunismus nicht abgelehnt, sondern überhöht und eingeborgen in die Forderungen der Bergpredigt, in das Programm einer Kirche, die aus den innersten Quellen des Glaubens, der Liebe, der Hoffnung gespeist, sich selbst zur Gabe Gottes an die Welt werden läßt. Sie liebt diese Kirche, die ihre konkrete Mitte in Rom hat, auch dann unverwandt, als zwischen 1953[4] und 1960 von dort her die Schläge

---

[4] Schon im Juli 1949 hatte das hl. Offizium in einem Dekret alle Zusammenarbeit mit den Kommunisten verboten. 1959 erhält Kardinal Feltin einen Brief von Kardinal Pizzardo, der den Priestern alle – auch zeitlich beschränkte – Fabrikarbeit verbot.

gegen die neuen apostolischen Versuche in Frankreich erfolgen. Sie ist entschlossen, keine Spaltung aufkommen zu lassen: «Die Mission darf die Pfarrei nicht schwächen, sie muß sie zwingen, alles, was in ihr lebendig ist, zu stärken.» Madeleine will ein Zeichen setzen: für einen Tag nach Rom fahren, um dort einzig am Petrusgrab zu beten. Man wendet ein, das sei ein zu teures Gebet. Sie gibt nach, falls ihr nicht unerwarteterweise das Geld geschenkt würde. In der gleichen Woche erhält sie ein Lotteriebillett, das gewinnt; Madeleine fährt hin: «Rom ist für mich eine Art Sakrament der Christus-Kirche, und mir schien, gewisse Gnaden, die man für die Kirche verlangt, erhalte man für sie nur in Rom.» Sie geht frühmorgens direkt zur Peterskirche, betet den ganzen Tag am Petrusgrab und fährt mit dem Nachtzug zurück. Sie wird noch mehrfach hinfahren und vielerlei Beziehungen anknüpfen. Von Erzbischof Montini erhält sie ein ermutigendes Schreiben. Sie verfaßt Gutachten für Bischöfe über die Frage des Zusammenlebens von Christen mit Kommunisten, und manches davon wird beim Konzil hilfreich sein. Nach Jahren der Krankheit (1954–1958) gibt sie, ohne großen Erfolg, ihr Buch «Marxistische Stadt als Missionsgebiet» heraus. Man verlangt sie von allen Seiten für Aussprachen, Vorträge, zu einem ökumenischen Treffen in Bossey, nach Marseille, bei Studenten; Freunde laden sie nach Polen ein, eine Gruppe ihrer unterdessen angewachsenen Equipe an der Elfenbeinküste rufen sie nach Abidjan; sie beginnt die Probleme der dritten Welt zu sehen. Sie, die ihr Leben lang den Tod als den Exponenten der Welt-unordnung empfunden hatte, stirbt plötzlich am 13. Oktober 1964; mit den postum veröffentlichten zahlreichen Notizen beginnt ihre breite Wirkung.

Die vorliegende kleine Textauswahl, aus «La Joie de Croire» gezogen, versucht einen Querschnitt durch ihre völlig einheitliche, wenn auch vielfach aufgefächerte Interessenwelt zu geben, in deren Zentrum das betende Verhältnis zu Gott steht. Ein Gebet mitten im Alltag, oft genug mitten auf der Straße, im Lärm einer gebetslosen Umwelt. Für sie ist das gottlose Getöse unserer Industriewelt eine immerwährende eindeutige Provokation zum Gebet. Ihre Aufzeichnungen sind fast immer Gelegenheitsschriften; sie können einander deshalb überschneiden; wir haben absichtlich ein paar Wiederholungen (die über die «Bohrungen» etwa) stehen lassen. Ihr urfranzösischer Stil ist schwer wiederzugeben: er kann unmerklich von handfester, harter Prosa übergehen in die Schwingung freier Verse, die doch keineswegs die Prätention hegen, mit denen Péguys oder Claudels zu wetteifern, nur der fast unwillkürliche Nachhall der gedanklichen Schwingung sind. Bis in diese «Verse» hinein nimmt sie die markigen Ausdrücke des vorstädtischen Straßenfranzösisch mit. Sie ist längst abgerückt vom poetischen Stil ihrer Jugend, aber die einstmalige äußere Kultiviertheit hat sich unverlierbar zur Kultur ihres christlichen Herzens verinnerlicht. Was sie zu sagen hat, ist schlicht und wesentlich, die Person verschwindet bewußt hinter der Botschaft, aber wird – wie das oft bei bedeutenden Christen der Fall ist – ihr selber unbewußt von dieser her beleuchtet. Wie sie, nach den Worten Jacques Loews «entschiedenen Schritts (und nicht ohne zu leiden) auf dem schmalen Grat der Antagonismen wandelte, im Geheimnis eines Gleichgewichts ohne Schwindelanfälle»[5], so ist ihr Charakter und der ihrer Schriften fast nur durch Paradoxe zu beschreiben: tiefer Ernst und lachender Hu-

[5] Nous autres gens des rues, 48.

mor, kindliches Sich-in-Gott-Wissen und exakte realistische Analyse der sozialen und psychologischen Umwelt[6], Leben aus Gott und für Gott allein und Hingabe an alle Mitmenschen, Kirchlichkeit bis in die Knochen und völlige Freiheit von kirchlichen Schablonen, Selbstverständlichkeit und Kühnheit im Auftreten, ohne je den Takt und die Höflichkeit zu verletzen. Solche Gegensätze kampflos zu bewältigen, an denen so viele heutige Christen scheitern, verweist auf die ungeheure Lebendigkeit ihres Gebetes, das selbst aus dem Paradox einer vollkommenen Hingegebenheit an die Gabe Gottes und eines unnachgiebigen Forderns («Dein Reich komme!») bestand.

Haben wir uns in den kommenden Jahren ausgiebig mit der zeitgemäßen politisch-sozialen Botschaft Madeleine Delbrêls zu befassen, so darf dieser Ausgangs- und Endpunkt ihres Denkens und Herd ihrer Flamme nie vergessen sein: betende Existenz in der Einheit Gott-Christus-Kirche. «Man muß», sagt sie, «die Kirche Auge in Auge betrachten, wie das Kind seine Mutter anschaut, und die Hände nach ihr ausstrecken.»[7]

Hans Urs von Balthasar

---

[6] Vgl. z. B. den Aufsatz in « Esprit »: Diversité et Unité de la condition prolétarienne, Juli-August 1951.
[7] Briefe an Jean Guéguen, in der Einleitung zu « La Joie de Croire »: Vgl. auch die ausgezeichnete Einführung von Karlheinz Neufeld S. J., Atheismus und Spiritualität. Zum Zeugnis von Madeleine Delbrêl, in: Geist und Leben, Bd. 44, 1971, 296–305.

I. Gabe und Aufgabe

Das Buch des Herrn

Das Evangelium ist das Buch des Lebens des Herrn und ist da, um das Buch unseres Lebens zu werden.

Es ist nicht da, um verstanden, sondern um wie eine Schwelle zum Geheimnis angenähert zu werden.

Es ist nicht da, um gelesen, sondern um in uns aufgenommen zu werden.

Jedes seiner Worte ist Geist und Leben. Behende und frei warten sie nur auf die Begierde unserer Seele, um in sie einzuströmen. Selber lebendig, sind sie wie der ursprüngliche Sauerteig, der unseren Teig angreifen und heben will in der Art eines neuen Lebens.

Die Worte der menschlichen Bücher werden verstanden und geistig erwogen.

Die Worte des Evangeliums werden erlitten und ausgehalten.

Wir verarbeiten die Worte der Bücher in uns, die Worte des Evangeliums durchwalken uns, verändern uns, bis sie uns gleichsam in sich einverleiben.

Die Worte des Evangeliums sind wundertätig. Sie verwandeln uns nur deshalb nicht, weil wir die Wandlung nicht von ihnen begehren. Aber in jedem Ausdruck Jesu, in jedem seiner Beispiele wohnt eine überwältigende Kraft, die damals heilte, reinigte, auferweckte, falls einer ihm gegenüberstand wie der Gelähmte oder der Hauptmann, bereit, unverzüglich im vollen Gehorsam zu handeln.

Im Evangelium Jesu gibt es Stellen, die beinah völlig geheimnisvoll bleiben. Wir wissen nicht, wie ihnen Eingang verschaffen in unserem Leben. Andere hinwieder sind unerbittlich klar.

Nur kindliche Treue zu dem von uns Begriffenen wird uns zum Verständnis dessen führen, was geheimnisvoll bleibt.

Sind wir auch berufen, zu vereinfachen, was uns kompliziert scheint, so doch niemals, zu komplizieren, was einfach ist.

Wenn Jesus uns sagt: «Fordere nicht zurück, was du geliehen hast» – oder: «Ja, ja, nein, nein, alles übrige ist vom Argen», dann ist nichts als Gehorsam verlangt... Räsonieren wird uns nicht weiterhelfen.

Hilfe wird uns nur, wenn wir das Wort im Warmen unseres Glaubens und Hoffens tragen, das Wort, dem wir gehorchen wollen, «hegen». Dann wird sich zwischen ihm und unserem Willen eine Art Lebensbündnis herstellen.

Wenn wir unser Evangelium in Händen halten, sollten wir bedenken, daß das Wort darin wohnt, das in uns Fleisch werden will, uns ergreifen möchte, damit wir – sein Herz auf das unsere gepfropft, sein Geist dem unsern eingesenkt – an einem neuen Ort, zu einer neuen Zeit, in einer neuen menschlichen Umgebung sein Leben aufs neue beginnen.

Wer sich dergestalt in das Evangelium vertieft, verzichtet auf das eigene Leben, um ein Schicksal zu empfangen, das Christus zu seiner alleinigen Form hat.

Erziehung durch den Geist

Wie lange braucht es, Herr, bis wir verstehen lernen,
  daß wir nur aus Erbarmen geliebt werden können,
  daß keinerlei Wertschätzung,
  kein Vertrauen, keine Bewunderung
  von dir zu uns kommen kann,
  sie sei denn durch deine Barmherzigkeit hindurch-
    gegangen.

Lange währt's: aber einmal kommt's.
  Wie ein blindes und taubes Kind
  zwischen den Knien seiner Mutter
  ertrunken in Dunkel und Einsamkeit,
  so entdecken wir, eines Tags, wie unausdenklich
    unsere Seele verarmt ist
  von jedem Ausblick auf deine ewigen Hügel,
  von jedem Gehör für den Widerhall deines
    Paradieses.
  So entdecken wir unsere Seele
  zwischen den beiden Knien deiner Vorsehung.

Und dann ist es dein Geist, der uns ermächtigt:
  der Finger der Rechten des Vaters,
  wie eine mütterliche Hand,
  die offenbarend,
  erziehend
  ihr Kind mit dem Leben verbindet.

Durch Antrieb lenkt uns dein Geist;
durch Berührung läßt er uns wissen, was ist.
Sein stummes Umfangen besämt unser Herz
  mit einer Saat von Worten.

Den Silben, die wir in unserem einsamen Dunkel
  hersagen,

antwortet das Schweigen deines Geistes,
ein Schweigen, dessen Nähe uns umringt
und belehrt.

Damit das sei, genügt es zu wissen, daß unsere
Augen wirklich
des Sehens unfähig sind
und unsere Ohren taub
für alles,
was du bist.

Wer die Braut hat, der ist der Bräutigam

Was uns am meisten fehlt, vermutlich uns allen, ist eine konkretere Rückkehr zum Herrn: eine Rückkehr zum Herrn: eine Rückkehr in die engen Beziehungen zwischen ihm und der Kirche.

Wir müßten unser Leben neu überprüfen, als ein Leben von Frauen, die ihm überantwortet sind. Ich meine damit:

– das persönliche, handelnde Vertrautsein mit Jesus Christus lernen oder wieder erlernen: die Liebe, die dann «Gebet» heißt.

– die Verantwortlichkeiten der Arbeit Jesu Christi wahrnehmen oder neu wahrnehmen: die Liebe, die in einer Welt tätig sein muß, der Jesu ein Recht darauf gegeben hat, die Liebe, die sich je und immer als «Güte» erweisen muß.

– die Fruchtbarkeit derer erfahren oder neu erfahren, die Jesus Christus gehören: die Liebe, die verkündet, vorgestellt, gewonnen werden muß und die je und immer «Leiden» heißt.

Im Grunde geht es darum, in und mit der Kirche zu lernen, das «Weib des Herrn» zu sein. Das ist bloß die Übersetzung ins Feminin von «Mann Gottes».

Mich bedrängt immerfort das doppelte Geheimnis, durch das unser Leben wie eine gerade Linie mitten hindurchziehen muß: Das Geheimnis der Liebe – das Geheimnis der Kirche.

In der Kirche, der Braut Christi, ist die ganze Menschheit zu seiner Liebe gerufen. Jeder Getaufte nimmt teil an dieser bräutlichen Liebe. Mit allen Ordensleuten, allen Geweihten haben wir Ja dazu gesagt, uns mit dieser einzigen Liebe zu begnügen.

Schenken wir ihr nicht unser ganzes Sein, oder

geben wir ihr nicht die ihr eigenen Ausmaße, so sind wir bloß Ledige, die weder für die Weitergabe des Lebens noch des ewigen Lebens brauchbar sind.

In der Morgenröte des Neuen Bundes sprach Johannes der Täufer: «Wer die Braut hat, der ist der Bräutigam, der Freund aber freut sich...»

Ungläubige, die besser sind als wir, Christen, die besser sind als wir, wurden nicht berufen, das Geheimnis der Kirche, der Braut Christi, in seiner Fülle zu leben. Sie sind wie der Freund, der sich freut. Sind wir vielleicht versucht, unsere Berufung zu verwechseln und die des Freundes zu übernehmen?

Was für Dinge auch immer der Bräutigam seinen Freunden gewährt: Vertrauen, ein offenes Herz, Verantwortlichkeit — seiner Frau gibt er seinen Namen, damit sie sei, was er ist, tue, was er tut, durch sich hindurch sein Leben weitergebe.

Nicht weil sie ausgeht, um einzukaufen – dorthin wo die Freunde sind –, ist sie die Braut: die Hausfrau kann dorthin gehen. Sondern weil sie mit ihrem Gatten das Abendbrot nimmt und die Nacht bei ihm zubringt.

Nicht daß wir in der Welt sind, wie der Sohn Gottes in die Welt gesandt war, läßt uns mit der Braut-Kirche verwachsen, sondern daß wir immerfort aus dem Nachtgeheimnis der göttlichen Liebe hervorgehen, von ihm her in die Welt schreiten dürfen.

Nicht daß sie mit ihrem Gatten zusammenarbeitet, macht sie zur Gattin; seine Freunde arbeiten auch und oft weit besser als sie; sondern daß sie ganz in seinem Besitz ist. Was sie verdient, gehört ihm in zweifacher Hinsicht, denn sie selber gehört ihm.

Nicht daß wir diese oder jene Arbeit perfekt verrichten, diesen oder jenen Beruf aufs beste ausüben, läßt uns in die Einigung der Kirche mit dem Herrn hineinwachsen, sondern daß wir so sehr von ihm bewegt werden, daß unser geringes Tun in der Welt wirklich das seinige wird.

Nicht daß sie das Haus organisiert, macht die Gattin zur Gattin: ein Gastwirt täte das bestens; sondern daß die Kinder ihres Gatten, noch bevor sie das Haus bewohnen, in ihrem Fleisch gewohnt haben, daß sie sie getragen und selber ernährt hat.

Nicht indem wir die Welt organisieren, werden wir in die Hochzeitlichkeit der Kirche eingelassen, sondern indem wir Menschen dieser Welt in uns tragen, jeden, dem wir begegnen; nicht indem wir ihnen einen Lebensplan zurechtlegen, sondern indem wir ihnen das Recht geben, in unserem Leben zu leben; alles mitteilen, was wir sind, was uns gehört, vom Brot bis zur Gnade.

Nicht daß sie den Kindern Geschenke verteilt, macht die Gattin aus; solche können sie auch von den Freunden erhalten; sondern daß sie ihnen das Leben ihres Gatten schenkt und das ihre dazu.

Nicht daß wir die Menschen glücklich machen, läßt uns zu Bräuten Christi werden, sondern daß wir ihnen das ewige Leben geben, das Leben Gottes selbst. Und vermitteln wir denen, die unsere Kinder sind, bloß das Leben der Welt, so sind wir arge Ehebrecherinnen.

Die Gattin erzieht in ihren Kindern den Mann von morgen. Nicht mit Spielzeug und Leckereien bereitet sie ihnen die Zukunft.

Wesen der Ewigkeit sind uns anvertraut, und wenn wir ihnen nur Wohlstand, Kultur vermitteln, sind wir

wie eine Mutter, die ihrer Kinder Zukunft mit Baby-
wäsche sichern wollte.

Die Gattin muß ihr Leben dort fixieren, wo ihr Gatte
es fixiert hat.

Jesus Christus wohnt nicht in den Mächten der
Welt; er war das Kind einer heruntergekommenen Familie, eines alten kleinen Volkes. Er war weder römi-
scher Bürger, Besitzer des Weltreichs, noch ein Bar-
bar, dem das morgige Reich zufallen sollte, er war
kein Grieche, dem das Reich des Geistes gehörte,
noch ein Sklave, der die Kraft der unterdrückten
Masse besaß. Er wohnte, er wohnt noch immer in dem,
was die Schwachheit der Welt ist.

Die Gattin untersteht den Lebensbedingungen
ihres Gatten.

Jesus Christus wohnt im Frieden, nicht in Geruh-
samkeit, denn er ist barmherzig; und wer einem jeden
gibt, was ihm fehlt, der gelangt an kein Ende.

Die Gattin ist keine Verlobte, die Zeit hat, am Kai
spazierenzugehen und sich auf eine Bank zu setzen.
Sie plagt sich, sie wacht, sie gebiert. Sie kennt ihren
Gatten weit besser als zur Zeit der Bänke und Kais.
Sie kennt sein Leben mit ihrem Leben.

Und zugleich weiß sie um seine Aufgaben, seine
Kämpfe. Sie verlangt von ihm nicht, daß er an sie
denke; beide denken gemeinsam.

Mit Freunden plaudert man, denkt sich Sachen aus,
frischt Erinnerungen auf... Die Gattin ist keine Freundin...

Das Leben ist kurz, und die Welt soll gerettet
werden.

Mit den Freunden verbringt man einige Zeit und
kehrt erholt von ihnen zurück. Die Liebe des Gatten
für seine Frau schenkt ihr Kinder, und sie wählt nicht
die Art, sie zur Welt zu bringen, sie muß leiden.

Sie gebiert keine Kunstwerke in der Euphorie, abseits von den Menschen, sondern Kinder Adams, aus denen sie Kinder Gottes machen muß mit ihrem Fleisch und ihrer Seele.

Der Freund kennt den Gatten, indem er ihn anschaut und anhört. Aber nicht weil die Gattin ihrem Gatten zuhört und ihn betrachtet, ist sie Gattin, sondern weil sie ihn auf andere Weise kennt. Der Freund hat vielleicht bessere Augen als sie, und sein Verstand wird vielleicht tiefer begreifen, was der Gatte sagt; aber was die Gattin weiß, wird er nicht wissen.

Und das ist es, was die Kirche weiß und was wir in ihr wissen: der Glaube.

Der Freund kann auf den Gatten warten, aber seine Frau ersehnt, «erhofft» ihn, sie erwartet nicht irgendetwas von ihm, sie erhofft ihn, ihn selbst, um auf andere Weise lebendig zu werden.

Die Sehnsucht der Kirche ist die Hoffnung, und sie ist davon so gebrannt, daß sie nichts anderes ersehnen kann.

Der Freund kann reich sein oder arm; er kann frei sein oder Sklave. Die Frau kann nur arm sein und kann nur gehorchen. Die Liebe ist für sie eine Armut, die allein ihr Gatte bereichern kann. Das Kind, das sie trägt und formt, reißt sich von ihr los und läßt sie von neuem arm. Liebe ist für sie ein Gehorsam; leidend wird sie befruchtet, und leidend gebiert sie.

Die Kirche ist in der Welt die große Arme und große Gehorsame, und wir können in ihr die Liebe nicht ohne Armut und Gehorsam finden.

Nicht nur wenn wir Gottes Reich und das Reich dieser Welt verwechseln, hören wir auf, mit der Kirche zusammen Braut zu sein und werden «Freundinnen».

Sondern auch, wenn Armut und Gehorsam oder Reinheit zu Selbstwerten werden, statt Voraussetzungen der Liebe zu sein.

Und auch dann, wenn wir Glaube und Hoffnung — die großen Mittel der Liebe, die aber dereinst vergehen — auf allzu schwächliche Weise leben, und sie uns auf halbem Weg stehenlassen.

Der Freund ist einer, der aus Relativem Absolutes macht; wir haben dazu kein Recht.

Sind wir aber willens, gemeinsam mit und in der Kirche die schlichte und starke Berufung zur Liebe zu leben, dann werden wir endgültig den Namen Jesu Christi tragen. Alles, was wir in diesem Namen erbitten, wird uns gewährt; wir werden, was die Werke Gottes betrifft, wirksam aus der göttlichen Wirksamkeit selber.

Das Wort und die Ereignisse

Die Ereignisse können nur dann Zeichen des Willens Gottes sein, wenn wir sie mit dem Wort Gottes in Kontakt bringen, wenn wir dieses in sie hineinlegen. Dann offenbart es uns den göttlichen Willen, der genau im Teig dieser Ereignisse getan werden soll.

So ist das Wort Gottes zugleich ein unveränderliches Gesetz, ein Ferment des Lebens und ein beweglicher, rascher Führer, um sich darin zurechtzufinden.

Durch sein Wort sagt uns Gott, was er ist und was er will; er sagt es endgültig und sagt es für jeden einzelnen Tag.

Um zu wissen, was wir tun sollen, fordern wir keine «Zeichen und Wunder...», ehe wir das Wort Gottes nicht ausgeschöpft haben. Gott sagt uns die Dinge nicht fertig und alle im voraus; was er uns endgültig sagt, das werden wir nie bis ans Ende begriffen haben; was er uns Tag für Tag sagt, ist sein in den Ereignissen, in den eben durchlebten Umständen widerhallendes Wort.

Das angehörte, begriffene, behaltene, weitergegebene Wort Gottes *tut* in uns und durch uns den göttlichen Willen. Als tätiges und wirksames hat es einmal geschaffen und schafft immer neu.

Das stimmt für jedes christliche Leben.

Da Gott das Leben erschuf, hat er kein Denkmal errichtet. Er hat etwas Wachsendes, Dynamisches, Sich-Entwickelndes, Bewegtes, Fruchtbares geschaffen. Alles Leben, das aus dem Wort, dem immer schöpferischen Wort Gottes geboren wird, ist dynamisch, wächst, entwickelt und bewegt sich, wird fruchtbar. Und es ist für die Ewigkeit bestimmt. Immer aber ist es auch «zeitgenössisch», aufgepfropft auf die schnellebige Zeit.

Das Wachstum der Kirche ist mit dem Wachstum des Wortes Gottes verbunden: das Wort Gottes in sich aufnehmen, sich von ihm wachsen lassen: so nimmt man teil und arbeitet mit am Wachstum der Kirche.

Denn die Fruchtbarkeit des Wortes Gottes liegt darin, weitergegeben zu werden, und diese Weitergabe ist untrennbar vom Widerspruch und vom Kreuz.

Jedes christliche Leben und alles im christlichen Leben ist im Glauben begründet, das heißt im Wort des Herrn. Im unanfechtbaren Wort des unbeirrbaren Herrn. (1964)

Gott will, daß wir bestimmte Dinge tun; aber nicht sollen uns deshalb die Dinge selber zum Willen Gottes werden. Dieser bleibt das Ziel unseres Wollens, nicht aber die Dinge, die er uns zu tun aufgibt.

«Wer vom Geist Gottes bewegt ist, der ist ein Kind Gottes.»

«Wer vom Geist geboren ist, weiß nicht, woher er kommt und wohin er geht.»

Unser «Werk», unsere «Aufgabe» ist der Wille Gottes, und dieser wird einzig im Glauben «gewirkt».

Alle Akte, die kraft des göttlichen Willens von uns verlangt werden und unsere natürlichen Vermögen in Anspruch nehmen, sind auf dieser Ebene nur gültig, wenn sie, vom Glauben belebt, selber zu Glaubensakten werden. Der Beweis dafür, daß sie Glaubensakte sind, liegt darin, daß wir, wo es von uns verlangt wird, Akte des reinen Glaubens zu setzen vermögen, unter Verzicht auf Vernunft, Logik und Verstehen.

Und damit alle unsere Akte für die Rettung der Welt verwendbar seien, damit sie ihr apostolisches Potential enthalten, ist gefordert, daß unsere Akte,

auch beim Küchendienst oder wenn wir mit jeman-
dem essen, wie Segel vom Glauben gebläht sind, von
einem so unbedingten Glauben, als gälte es einen
vom Tod zu erwecken.   (1950)

Freuden vom Berg herab

Weil deine Worte, o mein Gott, nicht dazu da sind, um
   tatenlos in unsern Büchern zu bleiben,
   sondern um uns zu beherrschen und in uns die
   Welt zu durcheilen,
   so gestatte, daß von diesem Feuer, das du einst
   auf einem Berg entzündet, von dieser Belehrung
   im Glücklichsein,
   Funken uns erreichen und in Brand setzen,
   uns ermächtigen, uns übermannen;
   damit wir von ihnen angesteckt, wie Zunder im
   Stoppelfeld, die Straßen der Stadt durchlaufen,
   den Wogen der Menge entlang,
   ansteckend mit Seligkeit,
   ansteckend mit Freude.

Denn wir sind sie wirklich satt,
   all diese Ausrufer schlimmer Neuigkeiten,
   betrüblicher Nachrichten.
   Sie vollführen solchen Lärm,
   daß sie sogar dein Wort übertönen.
   Laß mitten in ihrem Spektakel
   unser bebendes Schweigen mit deiner Botschaft
   aufklingen.

Im antlitzlosen Gedränge laß unsere gefaßte Freude
   erglänzen, die lauter dröhnt als das Schreien der
   Zeitungsverkäufer.
   Überwältigender ist
   als die regungslose Trauer der Masse.

Selig die Armen im Geiste
... denn das Reich der Himmel ist ihrer.

Arm sein ist nicht interessant: alle Armen sind durch-
aus dieser Meinung.
Interessant ist, das Himmelreich zu besitzen, das aber
gehört einzig den Armen.

Meint deshalb nicht, wir fänden Vergnügen daran,
täglich unsere Hände, unsere Köpfe, unsere Herzen
zu leeren.
Unsere Freude ist, die Tage damit zu verbringen, in
unseren Händen, Köpfen, Herzen einen Platz aus-
zuheben
für das Himmelreich, wenn es vorbeigeht.
Denn es ist unerhört, es so nah zu wissen, Gott selber
so nah bei uns; unwahrscheinlich, daß seine Liebe
in uns und für uns so sehr möglich ist.
Und ihr trotzdem die Tür nicht zu öffnen,
die einzige, schlichte
der Armut des Geistes...

Wenn eure Güter nach Gottes Gefallen davongehn,
redet nicht mehr von Armut, vielmehr von Reichtum.
Wie ein Blinder, den man in seine Heimat zurückge-
bracht hat, so atmet sichtlos die Lüfte des Reiches,
erwärmt euch an seiner unsichtbaren Sonne, tastet
seinen festen Grund unter eurem Fuß.
Sagt nicht: «Ich habe alles verloren.» Sagt vielmehr:
«Ich habe alles gewonnen.»
Sagt nicht: «Man nimmt mir alles weg.»
Sagt vielmehr: «Mir wird alles zuteil.»

Geht hinaus in euren Tag ohne vorgefaßte Ideen und
vorausgeahntes Ermatten,
ohne Absicht mit Gott, ohne Bescheidwissen über
ihn,
ohne Begeisterung,

ohne Bibliothek,
brecht auf, ihm zu begegnen.

Brecht auf ohne vorgezeichneten Weg, ihn zu entdecken, denn wißt: man trifft ihn unterwegs und nicht am Ziel.

Versucht nicht, ihn nach ausgefallenen Rezepten zu finden, laßt euch selber in der Armut eines banalen Lebens von ihm finden.
Monotonie ist auch eine Armut: bejaht sie.
Jagt nicht nach schönen, eingebildeten Reisen.
Die Vielfalt des Reiches Gottes soll euch genug sein und euch ergötzen.

Schenkt eurem Leben keinerlei Beachtung, ist doch die viele Sorge darum auch ein Reichtum; dann wird selbst das Greisenalter euch von Geburt reden, und der Tod von Auferstehung.
Die Zeit wird euch vorkommen als eine kleine Falte in der großen Ewigkeit;
ihr werdet alle Dinge beurteilen nach ihren Ewigkeitsspuren.

Wenn ihr das Himmelreich ernsthaft liebt, dann freut euch, wenn euer Verstand angesichts der ewigen Dinge versagt, versucht dann besser zu glauben.

Wenn euer Gebet zärtlicher Gefühle bar ist, erkennt, daß man Gott nicht mit den Nerven anrührt.

Wenn ihr ohne großen Mut seid, freut euch, daß ihr geeignet seid für die Hoffnung.

Wenn ihr die Leute langweilig findet und euer Herz elend ist, seid es zufrieden, die unmerkliche Liebe in euch zu haben.

Wenn ihr, völlig verarmt, die Welt nur noch als ein geplündertes Haus empfindet,
euch selbst nur noch als antlitzloses Entbehren,
denkt an jene verschatteten Augen, aufgeschlagen

inmitten eurer Seele,
ruhend auf unaussprechlichen Dingen.
Weil doch das Himmelreich euer ist.

Selig die Friedfertigen
... denn sie werden Kinder Gottes genannt werden.

An jeder Straßenbeuge gibt es kleine Fehden, wie es
an jeder Zeitenwende große Kriege gibt.
An jeder Beuge unseres Lebens können wir den
Krieg erklären oder Frieden machen.
Zum Kriegen aber fühlen wir uns auf bedrohliche Art
ausgerüstet.
Gar schnell wird unser Nachbar zu unserem Feind,
falls er nicht unser Bruder ist.
Denn angrenzende Güter von Freunden geraten sich
leicht ins Gehege;
während Brüder alle gemeinsam die Güter des Vaters zu verwalten und zu teilen haben.
Deshalb sind einzig die Kinder Gottes völlig fried-
fertig. Für sie ist die Erde ein Haus ihres himmli-
schen Vaters.
Alles, was es auf Erden gibt, gehört ihm, der Boden
sogar. Ja, wirklich, die Erde ist ein kleines Haus
ihres Vaters. Sie verschmähen kein Zimmer darin,
keinen Kontinent; nicht die kleinste Insel, noch irgendeine Nation, noch den kleinen Hof, keines dieser Gemächer, die da Plätze sind, Gehsteige, Büros,
Kaufläden, Hafendämme, Bahnhöfe... Dort haben
sie den Familiengeist zu stiften.

Allmorgens, wenn sie die Straße betreten, erfaßt sie
frohes Staunen, all diesen Brüdern mit leiblichen
Augen zu begegnen, auf die sie zuvor nur im Dunkel des Glaubens gestoßen waren. Sie können sich
weder von ihnen absondern, noch sie als Fremde

behandeln; das Anrecht auf einen Sitzplatz wird eine fragwürdige Sache.

Auf wirtschaftliche Güter werden die Ansprüche zaghafter,

die sozialen Unterschiede wanken.

Die Kategorien menschlicher Werte werden zerbrechlich. Wenig Unterschiede haben Bestand angesichts des gemeinsamen Titels eines Gotteskindes: sie sind nicht wichtiger, nicht auffälliger als ein farbiger Zwirn in der breiten Fläche eines weißen Lakens.

Wie beim Röntgen die Kleider, die Muskeln auf dem Schirm verschwinden, alles, was am Organismus nicht die Grundstruktur ist,

so schwindet alles, was angesichts dieses Namens «Kind Gottes» nicht zu unserer übernatürlichen Verwandtschaft gehört.

Die Augen der Friedfertigen sind wohlwollend, und ihre Weggenossen erwärmen sich daran wie an einem Herdfeuer.

Nie finden sie Anlaß zum Streiten, denn sie wissen sich nur für den Frieden verantwortlich, und den Frieden verteidigt man nicht durch Schlachten.

Sie wissen, daß die Spaltung eines einzigen Atoms kosmische Kriege auslösen kann.

Wissen auch, daß die Menschen verkettet sind, und wenn eine menschliche Zelle im Zorn, in Rachsucht, in Bitterkeit birst,

daß der Zündstoff des Krieges bis ans Ende der Erde sich austoben kann.

Aber weil sie an die Verströmung der Liebe glauben, wissen sie, daß dort, wo ein bißchen Friede entsteht, er ansteckend genug sein kann, die ganze Welt zu erfassen.

Deshalb ziehen sie los in einer doppelten Freude:
der Freude einer Ankunft des Friedens rings um sie her;
und der Freude, einer unaussprechlichen Stimme zu lauschen, die «Vater» sagt auf dem Grund ihres Herzens.

Selig die Barmherzigen
... denn sie werden Barmherzigkeit erlangen.

Barmherzig zu sein, scheint kein sonderlich geruhsames Gewerbe.

Man hat doch genug am eigenen Elend zu leiden, um sich nicht noch mit dem der Leute zu befassen, die uns begegnen.

Unser Herz würde sich dem verweigern, wenn es andere Mittel gäbe, Barmherzigkeit zu erlangen.

Klagen wir also nicht zu sehr, wenn uns oft die Tränen aufsteigen, da wir unterwegs so viele Schmerzen kreuzen.

Durch Tränen erfahren wir, was die Zärtlichkeit Gottes ist...

Wie es solide Tiegel braucht, um geschmolzenes Metall zu fassen,
das ganz vom Feuer besessen und durchwirkt ist,
so braucht Gott solide Herzen, worin unser siebenfaches, nach Heilung schreiendes Elend und die ewige Barmherzigkeit, die nach Erlösung drängt, ungestört zusammenhausen können.

Und wenn sich unser Herz oft ekelt, diesem Elendsteig so nahe zu kommen, von dem es nie weiß: bin ich es selbst oder ist es ein Andrer, so möchte es doch um nichts in der Welt seine Aufgabe tauschen, denn es findet seine Freude daran, diesem unablässigen Feuer zu nachbarn,
das endlos die liebende Sorge Gottes beweist.

Und wir haben uns so sehr an die Gegenwart dieses
   Feuers gewöhnt, daß wir spontan alles zusammen-
   suchen, was ihm zu brennen erlaubt,
   alles, was klein ist und schwach,
   alles, was ächzt und dahinsiecht,
   alles, was sündigt und kriecht und fällt,
   alles, was der Heilung bedarf.
Und wir übergeben dem in uns brennenden Feuer all
   dieses schmerzliche Volk, das unsere Begegnung
   heranschleppt, damit seine Berührung es heile.

Selig die Sanften
... denn sie werden die Erde besitzen.

Sanft sein: heißt deinem Besuch in uns willig zustimmen, ohne Vorbehalt, ohne unechte Falten
Dir ein Herz anbieten, das seine Gewohnheiten und
   Vorlieben so gründlich abgelegt hat,
   deinem Wohlgefallen so eng verbunden ist,
   daß sich dein Tun darin, ohne Widerstand zu begegnen, vollzieht.
Denn was du brauchst, um auf Erden dein Werk zu
   verrichten, sind nicht so sehr unsere aufsehen-
   erregenden Taten, sondern ein gewisses Volumen
   an Unterwerfung, einen gewissen Grad des Über-
   antwortetseins, ein bestimmtes Gewicht blinder
   Hingabe,
   die ihren Ort irgendwo im Menschengewühl haben
   kann.
Und fänden sich in einem einzigen Herzen
   dieses ganze Hingabegewicht, diese Unterwerfung,
   dieses Überantwortetsein zusammen, das Antlitz
   der Erde würde ganz sicher erneuert.
Denn dieses einzige Herz gewährte dir Zugang, wäre
   das Einfallstor, der schwache Punkt, an dem die
   weltweite Revolte zusammenbräche.

Ein sanftes Herz wird nicht an einem Tag.
Es bildet sich Sekunde um Sekunde, Minute um Minute, Tag um Tag.
Wie der weiche, schmiegsame Wollfaden Masche um Masche über den ihn führenden Nadeln das Gestrickte ergibt, so werden die Fibern unseres Herzens unter dem Antrieb deines Willens allgemach geschmeidig und sanft.
In diesem Gespräch, da unser Schweigen das Wort eines Andern empfängt, unser Denken sich vor fremden Gedanken beugt, in diesen leblosen Dingen, die uns übel zu wollen scheinen:
unserem Stift, der schlecht schreibt, der Hitze, die uns betäubt, der Kälte, die uns starr macht;
in diesen Urteilen über uns, worin wir unser Antlitz kaum wiedererkennen; in diesen kleinen oder großen Schmerzen, die im Hohlen an uns nagen, den Nerven entlang: lassen wir unser Leben darin verlaufen.
Lassen wir die Minuten sich hinziehn, eine nach der andern, Masche um Masche, ins Netz deiner Vorsehung, worein du alles einhüllst, was dein ist,
Lamm, Beherrscher der Erde.

Selig die reinen Herzen
... denn sie werden Gott schauen.

Du hast uns gesagt, Herr, daß wir dich ohne diese unerbittliche Reinheit nicht sehen können.
Und seitdem wir das wissen, ertappen wir uns, sie zu lieben, wie man das liebt, was uns zum Geliebten hinführt.
Denn unsere Liebe zu dir wird ungeduldig ob dieser Verzögerungen, die dich entziehen, dieser Trödelei, die die Begegnung mit deinem Antlitz auf ein endloses Morgen verschiebt.

Wir wissen, daß Reinheit die tausend Hände entkno-
ten wird, die sich krampfhaft über uns schließen,
uns stören, uns aufhalten.
Sie ist Freiheit von jedem Hemmnis, um von nichts
besessen in einem einzigen Schwung dir entgegen-
zufliegen.
Sie ist eine eilige, drängende Liebe, die kein Verzö-
gerndes duldet.

Deshalb wird unsere Todesstunde ihr letzter Ansturm
sein. Sie wird uns nötigen, den Zug zu besteigen,
der uns über uns selber hinausführt.
Durch die Scheiben werden uns alle Dinge große
Abschiedszeichen zuwinken.
Keins wird bereit sein, mit uns einzusteigen.
Alle werden Angst haben vor unserer Gesellschaft.
Alle uns vergänglich erscheinen, ohne weiteren
Wert als den einer Stufe.
Wir werden alles verlassen. Alles wird uns ver-
lassen.

Dann sind wir eingefangen in einem unwiderstehli-
chen Flug.
Und einzig zählt für uns, einzig betrifft uns
die letzte Drehung des Rads,
der plötzlich endgültige Halt
im Land der Ewigkeit,
vor dem Gott, der uns erwartet,
vor dem Gott, den wir schauen werden,
wenn uns, nach der geduldigen Reinheit unseres
Lebens,
zu ihm geführt haben wird die elementare Reinheit des Todes.

Die Seligkeiten und das Kreuz

Die ersten Grundzüge des evangelischen Lebens gibt Jesus in der Bergpredigt. Diese beginnt mit den Seligkeiten.

Die Seligkeiten waren der erste Umriß unseres Lebensweges. Wir haben ihnen vertraut, um in das Gesamt der Bergpredigt eingeführt zu werden, der praktischen Grundlage dessen, was unser Leben sein möchte, Grundlage, auf die wir immer zurückkommen, um es zu verbessern, denn wir mischen dauernd viel Sand in die paar Steine.

Dem Herrn sein Leben anbieten, ohne es ihm in der Freude schenken zu wollen, wäre schon zu Beginn ein Grund, zu zweifeln, ob dieser Beginn wirklich mit dem Willen Gottes übereinfällt.

Das ist uns nicht unbekannt.

Was wir vielleicht weniger wissen und uns eines Tages verwirren kann, wenn der Anfang hinter uns liegt und wir doch zu unserem Ausgangspunkt zurückkehren müssen, zu den großen Texten der Bergpredigt, die uns zugleich das Leben schenken und die Schwachheit zeigen, in der wir es leben – was wir dann weniger wissen, ist dies: daß die Freude sich aus einem zurückgezogen haben kann, plötzlich oder nach und nach. Oft kann der Anschein entstehen, daß genau in dem Maß, als die Seligkeiten, die für uns wie zu Stoßgebeten wurden, in unserem Dasein irgendwie erhört worden sind, diese Erfüllung bloß Überdruß in uns erzeugt. Und vor diesem scheinbaren Widerspruch zwischen unserem ersten Anlauf und der scheinbaren Abweisung des Erbetenen, kann uns der Überdruß vollends übermannen. Darauf müssen wir im voraus gefaßt sein, selbst wenn die Freude einstweilen ihr Licht für uns bewahrt.

Die Seligkeiten — das müssen wir wissen — sind nicht die Seligkeit. «Geh ein in die Freude Deines Herrn», wird dem «guten» Knecht gesagt, wenn er seinen Dienst beendet hat. Das ist die Freude der Seligkeit, die nicht mehr zerbrechliche, unterbrochene Freude. Unsere Freude, die Freude des Menschenherzens ist zerbrechlich, zeitweilig.

Die «Seligkeiten» aber sind die völlige Umkehrung dessen, was der Mensch als Freude bezeichnet, deshalb bleiben sie innerlich widerspruchsvoll, wenn man sie vom Glauben trennt. Jeder trägt sein Kreuz oder wenigstens die Drohung eines Kreuzes, das wägbar ist, greifbar, unwiderleglich; aber jeder trägt auch seine Hoffnung, die nur Hoffnung auf ein gegenwärtiges, aber unsichtbares, oder auf ein in der Zukunft gelegenes Gut ist. Das Kreuz jedoch ist nie ganz es selbst, solange es für uns nicht zum Geheimnis wird.

Wenn auch alle großen evangelischen Tugenden mit der Gnade Gottes von unserem guten Willen in Angriff genommen werden können, sind sie doch die Tugenden Jesu erst, wenn der Geist Jesu sie uns vollkommen mitteilt, indem er ihnen durch das Kreuz, und einzig durch das Kreuz, neue Dimensionen verleiht.

Die Christen beten auf vielerlei Arten vor ihrem Kruzifix, mehr oder weniger häufig: sie haben Ehrfurcht davor, sie betrachten es, begeben sich in seine Schule. Aber einmal im Jahr, am Karfreitag, ruft die Kirche die Gläubigen zu einem Gebet ihrer Liturgie auf, das weder Ehrfurcht noch Andacht noch Schule des Kreuzes heißt, sondern *Anbetung des Kreuzes*.

Und zur Anbetung des Kreuzes wird dieses den Gläubigen nur stufenweise enthüllt. Zu Beginn des Gottesdienstes werden sie *zur Anbetung des verhüllten Kreuzes aufgerufen*.

Dieses verhüllte Kreuz erwartet uns, wenn wir Nutznießer der Seligkeiten werden wollen. Es überfällt uns so sehr, daß es uns in Versuchung zu führen droht, dieses Kreuz, dessen bloßes Zeichen doch schon das Böse verjagt.

Für gewöhnlich erkennen wir das Kreuz, ob wir es nun annehmen oder zurückweisen, annehmen oder freiwillig wählen. Aber eines Tages oder Jahres ragt es verhüllt vor uns auf, und wir erkennen es nicht.

Es ist verhüllt durch etwas, das ihm für unser Begreifen seine Gestalt, seine Proportionen, seine Ausmaße raubt. Oder es scheint aus ungeheuerlichen Unstimmigkeiten zu bestehen, wie ein falscher Schatten aus einer falschen Beleuchtung auftaucht, oder es will uns zu Entgegengesetztem zwingen. Das Geheimnis, das es uns vorstellt, «verleugnet», sowie es auf uns zukommt, ein bestimmtes Etwas, das dem Menschen, sogar dem Christenmenschen wesenhaft ist. Das Geheimnis des Kreuzes «tötet» – unerbittlich in seinen Erscheinungsweisen – etwas, ohne das wir unserer Ansicht nach kein menschenwürdiges Leben mehr leben, nicht menschlich mehr handeln können. In Wirklichkeit vernichtet es das in uns, was uns nicht zu einem Menschen, sondern zu dem Menschen macht, der wir sind.

Die Seligkeiten, die von Jesus gelehrten Tugenden, seine Ratschläge, seine Verheißungen tragen alle einen Zugang zum Geheimnis des Kreuzes in sich, und zwar deshalb, weil die Frohe Botschaft im ganzen eine Botschaft von der Liebe ist, die uns durch das Kreuz und im Kreuz zugänglich gemacht worden ist und zugänglich bleibt.

Das Evangelium als ganzes ist für die Liebe da; aber ohne das Kreuz, das der Name Jesus selber einschließt, blieben wir der Liebe gegenüber das, was ihr am widersprüchlichsten ist: Fremde. Wenn wir durch Anteil am Leben Jesu wahrhaft an seiner Liebe teilhaben dürfen, bliebe doch ohne Anteil am Kreuz Jesu und ohne den Willen, alles anzunehmen, was für jeden von uns zu dieser Teilhabe gehört, diese Liebe in uns wie ein verkümmerter Keim.

Alle Zugehörigkeit zu Gott wird stets von dem doppelschneidigen Schwert durchbohrt: Freude und Kreuz.

Die Widersprüche, die sich dadurch in unserem Leben einstellen, und die daraus erwachsenden konkreten Schwierigkeiten hinwegschwindeln, hieße gar optimistisch veranschlagen, was wir von uns selbst erwarten können, die wir doch die Fähigkeit haben, andere sowohl wie uns selbst zu entstellen und zu spalten.

Es wird uns nicht schwer fallen, uns für das eine oder das andere zu entscheiden, soweit es in unserer Wahl steht: das eine Mal übernehmen wir im Namen der Freude freiwillig nicht einmal das geringfügigste Leiden, das andere Mal vergötzen wir – im Namen des Kreuzes – die Mühsale und Widerlichkeiten, mit dem unser Menschendasein ausgestattet zu sein pflegt, und schicken die Freude zugunsten der Trübsal, des Verdrusses und der Verbitterung spazieren.

Oder wir werden, wenn wir die Untrennbarkeit von Kreuz und Freude einsehen, ziemlich leicht zu Falschmünzern der Freude wie des Kreuzes, und zwar um so leichter, wenn wir ein «Publikum» haben.

Vielleicht hatten wir kaum Gelegenheit, ein Gott umsonst hingeschenktes Leben zu sehen, denn ein solches wird, scheint's, kaum je beachtet. Aber wie viele unter uns – und wie viele andere mit uns, die keineswegs Gläubige zu sein brauchen – hatten den Vorteil, mit einer «Opferseele» zusammenzuleben! Welche Familie, welche Werkstatt, welche Kunstabteilung, welche Verwaltung, welche Klostergemeinschaft besitzt nicht die ihre? Und man hat für gewöhnlich das Glück, daß sie für ihr Bemerktwerden sorgt; das Glück sage ich, denn sonst hätten wir nie erraten, daß sie eine ist.

Das Opfer läßt sich nicht spielen, aber «Opferseele» ist eine prächtige Rolle, und wer ertappt sich nicht irgendwann bei diesem Spiel? Geopferter Gatte, geopferte Gattin; Bruder, Schwester, Freundin, Genie oder Heiliger: der Geopferte schlüpft in alle Gestalten. Er opfert sich in der Freude: ein gemachter Held!

Auch wenn wir ungern lächerlich sind und dem Stil des Totalopfers nicht verfallen, so entgehen wir selten ganz der Gefahr, anläßlich einer unserer Lebensprüfungen diese Rolle nicht wenigstens anzudeuten. Wer von uns hat je im Augenblick eines großen Schmerzes daran gedacht, daß er – vielleicht – als ein Kind des göttlichen Vaters einfach gestraft werden könnte; wer hat in seinem Leiden zunächst etwas anderes gesehen als Sühne für die andern oder Erprobung der eigenen Treue? Wer von uns hat bei gewissen öffentlichen Prüfungen, bei allem Versuch, Freude und Kreuz zu versöhnen, nicht so sehr beides sanft von Gott empfangen als vielmehr seinem Nächsten ein Beispiel der Vollkommenheit liefern wollen?

All das kann mit Kreuz und Freude geschehen, bei uns wie bei andern.

Ein paar Grundsätze können uns vor Verirrung bewahren:
– Der Herr wird uns *sein* Kreuz, jenes, das uns voll mit ihm vereint, erst geben, wenn wir aus all unsern Kräften und aus Liebe zu ihm versucht haben, die Leiden, Sorgen, Unannehmlichkeiten unseres Menschenlebens aus ganzem Herzen entgegenzunehmen.
– Er kann aber sein eigenes Kreuz, das Kreuz der um-

sonst schenkenden Großmut denen unter uns nicht schenken, die nie freiwillig und umsonst, aus Liebe zu ihm ein wenig umsonst gelitten haben.

– Der Herr kann uns unter seinem Kreuz erdrücken, so daß es uns bis zur Unkenntlichkeit entstellt und wir darunter nur noch brüllen und um uns schlagen können, aber das soll uns nicht hindern, noch das kleinste Staubkorn zu suchen, das in der Freude ihm darzubieten uns nicht verwehrt ist.

II. Gelebtes Gebet

Schon auf Erden die Liebe verwirklichen, für die wir geschaffen wurden

«Meine Kindlein, liebet einander», so faßt der alte Apostel Johannes alles zusammen, was er zu sagen hatte.

Gott ist es, den wir lieben, die Liebe zu Gott ist das erste Gebot; das zweite aber ist ihm gleich, das heißt, daß wir Gott seine Liebe nur durch die andern hindurch mit Liebe vergelten können.

Das Gefährliche ist, daß das zweite Gebot an die Stelle des ersten rückt. Aber wir haben ein Mittel, das nachzuprüfen: jeden Menschen so zu lieben, Christus, Gott in jedem Menschen so zu lieben, daß es ohne Vorliebe, ohne Kategorien, ohne Ausnahme geschieht.

Die zweite Gefahr ist die, daß wir dazu nicht imstande sind. Und wir sind es wirklich nicht, wenn wir die Liebe vom Glauben und von der Hoffnung trennen.

Nun aber ist es das Gebet, das uns Glaube und Hoffnung vermittelt. Ohne zu beten wird uns keine Liebe gelingen.

Im Gebet, und nur im Gebet wird sich uns der Herr in «jedem» offenbaren, kraft eines immer geschärfteren, klarsichtigeren Glaubens. Im Gebet können wir die Hingabe an jeden erbitten, ohne die es keine Liebe gibt; durch das Gebet wird unsere Hoffnung zum Format und zur Vielheit der uns begegnenden Menschen heranwachsen oder zur Tiefe ihrer Not.

Glaube und Hoffnung, durch das Gebet ausgeweitet, werden das lästigste Hindernis aus dem Weg unserer Liebe räumen: die Sorge um uns selbst.

Die dritte Gefahr besteht darin, nicht so zu lieben, «wie Jesus uns geliebt hat», sondern auf menschliche Art. Und das ist vielleicht die größte Gefahr.

Denn menschliche Liebe ist, eben weil sie Liebe ist, etwas Schönes und Großes. Ungläubige können andere mit prachtvoller Liebe lieben. Wir aber wurden nicht zu einer solchen Liebe berufen. Nicht die eigene Liebe haben wir zu verschenken, sondern die Gottes. Gottes Liebe ist eine göttliche Person, ist die Gabe Gottes an uns; aber sie bleibt immer Gabe, sie muß gleichsam durch uns hindurchgehen, uns durchbohren, um anderswohin, zu den andern zu gelangen.

Diese Gabe fordert Allmacht, die uns nicht an die Gegenmacht von etwas anderem glauben lassen dürfte. Und sie ist eine Gabe, die wir nicht für uns behalten dürfen, weil sie sonst erlischt und aufhört, Gabe zu sein.

Beten heißt, zwischen Gott und uns die normalen Beziehungen wiederherstellen, heißt umkehren, unsern Geist, unser Herz, unsern Willen nach der Seite Gottes zurückwenden, der nie aufhört, unser Schöpfer und Vater zu sein.

Gebet ist bereits Liebe. Es erbittet die Liebe, es empfängt sie. Aber weil wir Sünder sind, wird es zu bestimmten Zeiten immer mühsam, schmerzlich, verwirrend sein. Auf der einen Seite ist es bereits Liebe. Auf der andern ist es eine Art notwendige, absichtliche Tugend. Und diesen Aspekt behält es immer.

Der Mensch aber, der beten, der sein Wesen dem innern Antrieb des Geistes, «der Vater sagt», darbieten soll, hat ein bestimmtes Temperament, ist in den und den Lebensumständen, zu dem und dem Zeitpunkt, wurde in der oder jener menschlichen Umgebung geboren, hat seine bestimmten Versuchungen.

Er wohnt in einem großen Haus oder in einem über-völkerten Zimmer; er arbeitet in der Stille oder im Getümmel; er muß gegen die Einsamkeit oder gegen die Menge ankämpfen: aus all dem soll sich seine Art zu beten herausbilden, sein Morgen- und sein Abendgebet, sein heutiges und sein morgiges, das seiner Jugend, seiner Reife und seines Alters. Sogar das Gebet eines Benediktiners wird durch eine Vielfalt konkreter Faktoren bestimmt, wenn er ihm den Platz eines Mittels beläßt und es nicht fälschlich zu einem Selbstzweck machen will.

Das heißt auch, daß das Leben einer Gemeinschaft, die vorgibt, sich am Evangelium auszurichten, und in der das Gebet verschwände, nicht einmal mehr ein Mittel wäre, zur Gottesliebe zu gelangen; es heißt ferner, daß ein Gemeinschaftsleben, das sich mit der Treue zu seinen Formen zufriedengäbe, nah daran wäre, ein gewiß privilegiertes Mittel zum Zweck zu erheben.

Der Rettung des Gebetes muß immerfort neue Beachtung geschenkt werden, denn es ist immerfort bedroht; die einzelnen Gebetsformen aber sollen stets als etwas Relatives und nicht als etwas Absolutes betrachtet werden.

Wenn ein Konflikt zwischen Bruderliebe und Gebet mit seinen Zeitforderungen zu entstehen scheint, ist es oft von Vorteil, seine mit wenig nützlichen Dingen verbrachte Zeit zu überprüfen, sich auch zu fragen, ob man nicht, um einen bestimmten uns abverlangten und schwerfallenden Liebesdienst zu umgehen, diesen durch eine längere, zuweilen mühsame Verpflichtung ersetzt hat, die man der Begegnung mit diesem oder jenem unserer Brüder vorzog. Schließlich muß man wissen: wenn der im menschlichen Herzen so tief verwurzelte Geist «gerechter Ansprüche» sich auf der Ebene unserer geistlichen «Rechte» schadlos hält, verblendet er uns und weiß uns das uns jeweils nötig Scheinende zu verschaffen.

Kurz: wäre unsere Liebe wahrhaft übernatürlich, sie selber müßte uns zum Beten drängen.

Und das Gebet seinerseits würde verhindern helfen, daß sich unsere Liebe desinkarniert oder naturalisiert.

Notizen über das Gebet (I)

Das Gebet ist unsere Zugehörigkeit zu Gott

Eine gute Anzahl Leute glauben noch immer an die Logik und Wirksamkeit der kontemplativen Orden; aber nicht wenige auch an eine gewisse Art der Aktion, die das Gebet ersetzen würde.

Zu behaupten, ein Leben sei möglich, dessen Taten Gebet sind, in Fortführung eines Gebetes, das nicht bloß Gebet ist, sondern eine Gott «geweihte» Zeit, entrissen aus tausend für uns nützlich erachteten Dingen, und dies mitten in der Welt und ohne den Schutz einer Ordensregel, das dürfte zumeist utopisch sein.

Und es wäre wirklich utopisch, wenn das, was ein Dasein zu einem betenden macht, nicht immerfort aus dem gleichen Lebensgewebe bestünde, und dieses sich nicht durch die verschiedensten Situationen durchhalten könnte, trotz allem.

Daß ein allmächtiger Gott, der doch geliebt sein will, seinen Kindern eine Lebensart gäbe, in der sie ihn nicht lieben könnten, ist unausdenkbar. Der Fehler liegt bestimmt auf unserer Seite. Wenn wir über «Religion», Bezogenheit auf Gott reden, schöpfen wir zumeist mehr aus unserem Gedächtnis als aus unserer Erfindungskraft, unserem Entdeckungsvermögen. Wir sind mehr Archivare als Realisten.

Und dennoch leben wir heute nicht mehr auf dieselbe Art wie vor hundert Jahren. Aber das hindert nicht, daß das Lebensspendende uns genauso wie damals lebendig machen kann.

Nicht anders verhält es sich mit unserem Glauben: er wird heute Leuten geschenkt, die nicht mehr auf die gleiche Art leben, er aber bleibt dasselbe Leben.

Wenn man zur Zeit, da es keine Straßen gab und noch weniger Wagen und noch viel weniger Autos, überall umhergehen konnte, ohne Gefahr, überfahren zu werden, so ist es doch lang her, seit man nicht mehr mitten auf der Straße läuft; und doch ist der Tod durch Überfahrenwerden keine der großen Geißeln der Menschheit geworden, denn man geht jetzt anderswo; und die Gefahr, überfahren zu werden, war für die Menschen kein hinreichender Grund, auf das Gehen zu verzichten.

Es stimmt: man kann heute nicht mehr beten «wie» ehedem, es sei denn, man wäre in einem Kloster oder in einer bestimmten außergewöhnlichen Lebenslage.

Doch folgt daraus keineswegs, daß man nicht mehr beten soll, nur *anders* wird man beten müssen, und dieses *anders* gilt es zu entdecken.

Das Gebet und unsere Geschöpflichkeit

Es genügte, zu glauben, daß Gott existiert, an das zu glauben, was er ist, falls er Gott ist, um einzusehen, wie unverhältnismäßig es ist, ihm unser Leben anzubieten: nicht weil es zu viel wäre, sondern weil es zu wenig ist.

Aber ohne Gebet – ob man Christ ist oder nicht – scheint es unmöglich, den unendlichen Unterschied zu ermessen, der zwischen dem winzigen Lebewesen, das wir sind, und seinem Schöpfer besteht.

Ferner scheint ein gesunder Begriff des Übernatürlichen nicht erreichbar ohne diese alles grundlegende Bewertung.

Haben wir dieses nicht erfaßt, so wird unserer Anbetung immer eine bestimmte Qualität des Umsonstgegebenen fehlen: die des unendlich Kleinen und

Armen, das sich über etwas Großes und Herrliches freut, dessen belebender Abglanz in ihm es ihm nicht erlaubt, sich bei sich selber zu freuen und darob zu rühmen.

Fehlt uns dieser Ausgangspunkt, dann wird unser Verlangen nach Demut einer gewissen Triebkraft ermangeln. Wir begreifen dann nicht, daß, was wir als «unsere Demütigungen durch andere Menschen» bezeichnen, bloße Stäubchen sind, die andere Stäubchen belasten; während unser ganzes Dasein von rechtswegen seine Demut herausschreien müßte angesichts Gottes, der Pracht eines Gottes, der mächtig genug ist, das Winzige zu erschaffen, klarsichtig genug, dieses Allergeringste nicht aus dem Blick zu verlieren.

Das Gebet und der Glaube

Aber wir sind Getaufte. Wir haben den Glauben empfangen. Glauben heißt für uns nicht, einer «Meinung» anhangen; den Glauben haben, an Jesus Christus glauben, heißt vom Leben unseres Gottes leben. Als Schöpfer war uns Gott irgendwie verschlossen, sei es durch seine Nähe, sei es durch seine Transzendenz. Die Taufe hat uns zu seinen Kindern gemacht, seinen noch immer gleich gebrechlichen, doch nun zu seinem Geschlecht gehörigen Kindern.

Dieser Gegensatz ist für uns maßlos. Unser Verstand registriert die Begriffe, aber er faßt sie nicht. Der Glaube dagegen taucht hinein und versenkt sich in das Geheimnis; er erkennt, auf welche Art wir geliebt sind, während wir bloß wissen, daß wir es sind. Die Zustimmung aber zu dem, was der Glaube erkennt, das Einverstandensein unseres Willens mit dem, was der Glaube uns in großen Zügen bekannt macht, das können wir uns nur im Gebet lebendig zu Bewußtsein bringen.

Ohne Gebet können wir die Demut des Geistes nicht aufrichtig ersehnen, denn wir wüßten nicht einmal, was sie ist.

Im Gebet wird uns kund – sofern wir es kräftig von Gott erbitten und es ernsthaft darauf ablegen –, welch erheblicher Unterschied besteht zwischen dem, was der genialste Mensch wissen kann und was der Glaube in seiner Dunkelheit einsieht. Nur das Gebet kann uns gründlich beibringen, wie tief unwissend unser Geist auch in seinen höchsten Erleuchtungen bleibt.

Das Gebet und die Kirche

Die Kirche ist für das gebaut, was wir sind: Fleisch, Geist, Gnade. Alles, was in ihr zur Gnade gehört, mündet ins Mysterium. Und alles, was an ihr sichtbar, tastbar ist, will uns zu Akten des Glaubens anregen.

Ohne Gebet bleiben wir in Gefahr, die Kirche als eine soziale Körperschaft zu betrachten und nicht als den Leib Christi; als eine Art Armee für geistliche Kämpfer, in der jeder seinen Grad hat, und nicht als Christi Leib, «dessen Glieder wir sind», mit seinen lebensvermittelnden Beziehungen, seinem organischen Gefüge, seinen lebensspendenden Werten.

Ohne Gebet werden wir nie begreifen, wie sehr der Gehorsam an lebendige Gesetze sich von bloßer Disziplin unterscheidet.

Ohne Gebet bleibt es für uns schwer verständlich, daß die Kirche Jesus Christus ist. Wir fassen nicht, zu welchem Austausch wir in ihr eingeladen sind; aller Austausch, der von Andern zu uns oder von uns zu

Andern geht, ist immer Christus, der zu Christus unterwegs ist oder von Christus herkommt.

Wir können die Kirche ohne Gebet nicht leben, können nicht aus ihr leben, so wie man von den Abschiedsreden oder vom hohenpriesterlichen Gebet leben kann.

Ohne Gebet können wir die brüderliche Liebe zu einem Ungläubigen nicht unterscheiden von dieser gleichsam erzwungenen Liebe − die in der Einheit eines Leibes besteht −, mit der wir uns unter Christen lieben sollten.

Ohne Gebet kann uns die Kirche alle Schätze geben, die wir ihr abverlangen: das Leben Gottes in der Taufe, das Blut Christi in der Beichte, den ganzen Christus der Kommunion, die im Blut und im unaufhörlichen Opfer aller Messen besiegelte Einheit: all das wird uns gegeben, aber ohne Gebet bewahren wir davon nur Fragmente.

Ohne Gebet können wir «Gelehrte» sein in der Weisheit der Kirche oder in einem bestimmten Punkt ihrer Weisheit, wir haben etwas gelernt und im Gedächtnis behalten, aber es hat in uns nicht jene Mitte erreicht, von der aus wir besser zu leben vermöchten.

Das Gebet und das Evangelium

Ist das Evangelium ein Buch, so damit man es liest. Trotzdem genügt das nicht. Das Evangelium ist ein Buch, das man betet. Unser Verstand hat beim Evangelium einen Arbeitsbeitrag zu leisten. Unser Gebet jedoch soll die Arbeit in Empfang nehmen, die Gott, durch die Vermittlung des Evangeliums, in uns vollbringen will.

Zwischen dem Lesen des Evangeliums und unsern armen Versuchen, seinen Beispielen und Vorschriften zu entsprechen, steht das Gebet. Fehlt es, so werden wir wie Kurzsichtige sehen und wie lahme Knechte gehorchen.

Und vor allem: Ohne Gebet bleibt das Evangelium lauter Worte, wir aber laufen Gefahr, dem, der da redet, nicht als dem Lebendigen zu begegnen, der anlockt, dem man nachfolgt.

Das Gebet eines Lebens in der Welt

Das Gebet eines Lebens in der Welt ist eine halbamtlich versehene öffentliche Funktion.

In so vielen Schichten gibt es keine Gläubigen mehr, und noch weniger Anbeter. Selbst wenn man weiß: christliches Gebet ist für jedermann da, belasten es doch jene, mit denen man umgeht und die einem vor Augen sind, mit besonderem Gewicht.

Heute ist Beten die größte Wohltat, die man der Welt erweisen kann.

Das Gebet und unsere Liebe

Ohne Erkenntnis ist keine Liebe möglich, und ebensowenig ohne entsprechende Taten. Jede Liebe hat ihre eigenen Taten. Und auch die einfachsten verlangen Zeit. Eine Mutter bringt ihr Kind nicht zu Bett, während sie Kartoffeln schält. Große Liebe ist fast immer exklusiv. Sie ist es, weil sie von nichts im Leben des Geliebten abwesend sein kann, aber auch weil sie möchte, daß etwas von diesem Leben ihr allein gehört.

Ohne Gebet werden wir Gott nie mit wirklicher Liebe lieben. Vielleicht werden wir seine Diener sein, seine Kämpfer, sogar seine Jünger, aber nicht liebende Kinder unseres Vaters, weder Freunde noch Geliebte Christi.

Welches immer die Gestalt unseres Gebetes sein mag, durch dieses hindurch begegnen wir dem lebendigen Gott, begegnen wir dem lebendigen Christus.

Welches immer die menschliche Basis sein mag, von der es ausgeht, stets wird es sich der großen geheimnisvollen Kräfte bedienen müssen, die Gott in sich selber erreichen: des Glaubens, der Hoffnung, der Liebe.

Von wo immer aus wir unsern «Einstieg» ins Gebet nehmen mögen – Rosenkranz, Offizium, Nachdenken über irgendein Buch, irgendeine unserer Taten oder Begegnungen –: vom Augenblick an, da wir Kurs auf Gott nehmen, sind die großen übernatürlichen Kräfte zu unserer Verfügung, und sobald wir uns in Wahrheit Gott zuwenden, sind sie uns unentbehrlich.

Denn unser Verstand gerät auf diesem Gebiet sehr schnell außer Atem. Aber hier gilt es zu wissen: wo unser Verstand stillsteht, da geht der Glaube voran und erkennt. Das ist etwas so Wundersames, daß wir beten können, während jedes eigene Tun ruht, im Wissen, daß der Glaube Gott erkennt, wie er erkannt zu werden verdient, beten im eigenen Namen und im Namen vieler.

Auch der Anlaß ist nicht wichtig, der uns zu irgendeiner bitteren Feststellung über uns selbst geführt hat. Wollen wir in dieser Bitterkeit nicht vor Anker liegenbleiben, gibt es nur die Hoffnung, die uns davon zu lösen vermag, wie auch sie allein uns hindern kann, für unsere Geliebten ein anderes Glück zu ersehnen als die ewige Glückseligkeit.

Und auch was unserem Gebet als *Inhalt* dienen wird, ist nicht sonderlich wichtig: ausdrückliches Gebet oder Nachdenken oder Handeln; auch hier stoßen wir bald auf unser Unvermögen, Gott gebührend zu lieben, es sei denn, wir liebten ihn mit seiner eigenen selbstlosen Liebe.

Glaube, Hoffnung und Liebe sind Geschenke Gottes. Er gibt sie allen, die sie erbitten. Gebet, das uns in die Gegenwart des lebendigen Gottes, des lebendigen Christus versetzt, bringt sich gleichsam selber hervor. Indem es uns lehrt, weshalb wir lieben, drängt es uns auch, um die Gabe der Liebe zu bitten.

Weit mehr als eine liebende Frau möchten wir uns täglich, zu jeder Stunde jedes Tages Gott als Erneute darbringen, wie jeder Liebende es versucht, um immerfort gleichsam ein verjüngtes, frisches Geschenk zu sein. Verführt von jenem, den seine Feinde den «Verführer» nannten, werden wir ihm leidenschaftlich zu gleichen trachten, indem wir seine geringsten Züge, Gedanken, Gebärden nachgestalten. Wo aber lernen wir das, wenn nicht im Gebet? Sie stehen ja so oft im Gegensatz zu unserem Herzen.

Wo aber beten?

Der Herr hat seinen Jüngern einmal den Rat gegeben, die Türe zu schließen, wenn sie beten wollten. Aber ein andermal lehrte er sie das Vaterunser auf der Straße, inmitten vieler Leute. Er selbst hat in der Einsamkeit gebetet und unter der Menge.

Wenn ein Christ weiß, daß er an bestimmten Orten beten soll – Jesus betete im Tempel –, so soll er auch wissen, daß er überall beten kann.

Das Opfer des Gebetes

Das zuerst von uns geforderte Gebet ist ein Opfer.

Es ist ein Entzug an Zeit mit dem einzigen Sinn, Gott dargeboten zu werden.

Dieser Aspekt des Gebets ist für uns entscheidend

wichtig, denn er ist in unserem täglichen Leben die Erinnerung, die Verwirklichung jener Zugehörigkeit zu Gott, die wir gewählt zu haben behaupten.

Von diesem Gesichtspunkt aus heißt beten: Gott den Vorzug geben.

Es heißt auch, die Andern ungeheuchelt lieben; denn Gott bräuchte unsere Opfer nicht – *das* Opfer, das wir im Gebet werden sollen –, wenn keinerlei Erlösung nötig wäre: wir sind keine Unschuldigen mehr. Wir sind Losgekaufte, deren praktischer Loskauf immer jetzt zu vollenden ist.

Es heißt endlich, den Opferwillen in uns stärken, ohne den die Ehelosigkeit, der Gehorsam, der Leidensmut blutarm bleiben.

Klare Überzeugungen in dieser Hinsicht sind es, die uns erlauben, jeden Tag eine für Gott ausgesparte Zeit zu finden. Echte Gründe, diese Zeit nicht zu finden, kann es ständig geben: in diesem Fall sind andere, zum Beispiel wöchentliche Lösungen zu finden. Oder wenn solcherlei Gründe nur für eine bestimmte Zeit gelten, muß das deutlich gesehen werden; man soll sich davon nicht beunruhigen oder herumzerren lassen, aber auch nicht «verzögern», wenn die zeitweiligen Hindernisse verschwinden.

Für das Unerläßliche, für das im Leben geliebter Menschen oder im eigenen Notwendige findet man immer Zeit. Also werden wir die Zeit zum Gebet, die im allgemeinen für jeden von uns möglich schiene, nur finden, wenn wir sie als notwendig erachten. So muß man vor allem herausfinden, weshalb es so unerläßlich ist, die Zeit zum Beten zu finden.

Das Gebet und die Relativität der Zeit

Unter den allgemeinen Bedingungen, die die heutige Zeit dem Gebet auferlegt, ist die fühlbarste, die auffälligste die Verknappung, im örtlichen wie im zeitlichen Sinn.

Viele unserer Zeitgenossen haben wenig Raum, und viele haben wenig freie Zeit. Wenig Raum zu haben ist eine der unabänderlichen Folgen der Armut in Industriegebieten.

Da wir arm zu sein wünschen, müßten wir eher darüber erstaunt sein, Raum zu haben, als keinen zu haben, in der Weite beten zu können, statt in der Enge zu beten.

Das Wirken der Menschen, die man «Arbeiter» nennt – obschon viele andere arbeiten, die nicht so heißen –, hat das Eigentümliche, daß es nicht nur wie alles heutige Wirken das Leben voll in Beschlag nimmt, sondern es nach seinen eigenen Erfordernissen zerstückelt und so die Befriedigung der menschlichen Bedürfnisse dem Zufall und der Willkür überantwortet. Zeit zu einem persönlichen Leben zu haben, ist eines dieser Bedürfnisse. Arm sein, heißt in vielen Gebieten, an eine Arbeit gefesselt zu sein, die auf die Zeit, die ein Menschenleben für sich braucht, keine Rücksicht nimmt.

Da wir arm zu sein wünschen, dürfen wir nicht erstaunt sein, wenn wir unter einem gewissen Zeitdruck stehen, und vor allem nicht über die willkürlichen Regelungen, die unsere Zeit beherrschen, auch nicht über die jede konkrete persönliche Freiheit bedrohenden Lebensumstände.

Geben wir uns keiner Täuschung hin: auch die freien Berufe verschlingen wie die bezahlte Arbeit die Zeit; bei den ersten bloß so, daß wir uns gewisse Bedingungen aussuchen können, bei der zweiten so, daß wir keinerlei Wünsche anmelden können; beides dezimiert, was man die Freizeit nennt, die Zeit, über die wir verfügen.

Daraus läßt sich unschwer ersehen, daß ein Christ, dessen Beruf nicht gestattet, eine Zeit für Gott allein «auszusparen», sich zwangsläufig als unfähig zum Gebet betrachten müßte.

Aber wir können hier mit andern Worten das oben Gesagte nochmals aufzeigen: Gott hätte sich nicht die Mühe genommen, uns zu erschaffen, wenn er zulassen wollte, daß wir ihm gegenüber keine Luft zum Atmen hätten.

Unsere Zeit gewährt uns bestimmte von Gott gegebene Atemzüge, wir brauchen sie bloß zu entdecken und zu tun.

Atemholen im Gebet

Um die Zwischenräume zu finden, die unsern Kontakt mit Gott wieder ermöglichen, bedarf es unsererseits gewisser psychologischer Voraussetzungen. Wir müßten innerhalb der heutigen Veränderungen im kollektiven Bewußtsein ein Gespür für den Wandel haben, der sich gleichsam an der Basis eines ganzen Sektors dieses Lebens vollzogen hat.

Die Beispiele aus dem Bereich der zwischenmenschlichen Beziehungen sind bekannt genug, man führt sie immer wieder an. Andere sind es weniger, obschon sie für uns vielleicht lehrreicher wären; sie lassen sich von gewissen Urbedürfnissen des Menschen ableiten, und wäre es bloß die Heizung.

Als man zum Unterhalt des Feuers noch Holz brauchte, hätte ein Stückchen Wald nicht ausgereicht; es bedurfte ausgedehnter Waldungen. Und auch als die Kohle aufkam, behielt der Raum seine Geltung:

Länge und Anzahl der Schächte in den Bergwerken zeugen davon.

Aber nun taucht mit neuen Brennstoffen, die man nicht mehr durch Bebauung oder Auswertung weiter Gelände, sondern durch Tiefenrekorde, durch Bohrung gewinnt, ein neuer Maßstab der Bewertung auf.

Was den Raum angeht, ist nichts anspruchsloser als eine Bohrung. Sie kann die Schicht Öl oder Erdgas bereits erreicht haben, während man in der unverdorbenen Landschaft von Föhren und Teichen nur ein paar schlanke Bohrtürme sieht. Diese erwecken weder den Eindruck von Kraft noch von Fülle. Und wo die Menschen von Gas und Öl noch nichts wußten, haben sie auch deren natürliches Ausströmen als wertlos erachtet; weshalb sie auch keinerlei Anstrengung machten, danach zu suchen und es auszubeuten.

Zuweilen denke ich, wenn der Herr unter uns weilte, kämen in seinen Gleichnissen Bohrtürme vor. Doch in Ermangelung dessen können wir uns wenigstens vorstellen, wie diese Gleichnisse lauten würden.

Die Gaben Gottes, deren wir bedürfen, um seinen Willen zu tun, sind stets dieselben. Wir sind weder schlauer noch besser als unsere Väter, so daß wir ohne diese Gaben auskommen könnten.

Im Leben sind gewisse Dinge stets am gleichen Ort: zum Beispiel die Milch in den Kühen und die Kühe auf den Weiden, was voraussetzt, daß ein bestimmter Raum vorhanden ist: Ställe und Wiesen − um bloß von der Milch zu reden. Aber andere Gaben des Herrn, die wir ebenfalls brauchen, können an bestimmten Stellen nur in der Tiefe gefunden werden. Und um in diese Tiefen vorzustoßen, ist nicht weniger Ausdauer erfordert als zur Bewirtschaftung großer Räume, sondern ebensoviel, kein größerer Durchhaltewillen, aber ein ebensogroßer, und besteht dabei eine viel geringere Zahl bekannter Risiken, so dafür eine weit größere unbekannter.

In unserem Leben ohne Ausdehnung und Zeit, in unserem raumlosen Leben sollten wir nicht nach den Räumen suchen, die einst ein christliches Leben für sich forderte. Was das Gebet angeht, so ist unser Raum rationiert: das Fehlende müssen Bohrungen ersetzen.

Wo wir uns auch aufhalten mögen, Gott ist dort. Der nötige Raum, um ihn zu finden, ist der unserer Liebe, die von Gott nicht getrennt sein, die ihm begegnen will.

Wer nicht versucht hat, zu erfahren, *wer* Jesus wirklich, ungeteilt, jetzt und hier ist, der kann sich nicht nach ihm sehnen. Weniger noch als ein Kind beim Obsthändler eine Orange begehrt.

Wer aber mühselig das Geheimnis Gottes erklommen hat, wer es als möglich gedacht, als möglich geglaubt, schließlich als wirklich geglaubt hat; wer in dieser Wahrheit die Freude aller Freuden gefunden hat; wer dieser Freude in sich noch mehr Platz einräumen mußte, da er weiß, daß das Geheimnis sich für menschliche Augen versichtbart hat in dem Einen Menschen, der Mensch war und Gott; wer weiß, daß dieser Mensch mit seinem Leib, seinem Blut, seiner Herrlichkeit bei uns bleibt bis ans Ende der Zeit: wer das alles geglaubt hat, das alles glaubt, uns, die das glauben: wird es uns je an der Sehnsucht mangeln, ihn überall zu finden, wo er sagt, daß er zu finden sei, alle Bollwerke zu schleifen, zu durchbohren, die uns hindern könnten, allzeit und immer mehr mit ihm zu sein?

Diese Sehnsucht macht das Gebet aus, und zwar gleichgültig wo. Jede Liebe trägt ihre Sehnsucht überall mit sich herum.

Gott genug lieben, um bei ihm sein zu wollen, den Drang dieser Liebe in sich tragen: das verleiht die Kraft, das härteste, dichteste Leben zu durchbohren und betend zu Dem hinzugelangen, den wir lieben. Ein paar Minuten solchen Gebets können uns Gott überantworten, restloser als viele vielleicht sehr gesammelte Stunden, denen diese bebende, wollende Sehnsucht nicht vorausging.

Der Rückzug in die Wüste kann aus fünf Stationen Untergrundbahn am Schluß eines Arbeitstages bestehen, an dem wir den Schacht zu diesen kurzen Augenblicken gebohrt haben. Dagegen kann uns die Wüste selber keine Sammlung bieten, wenn wir gewartet haben, um erst in ihr die Begegnung mit dem Herrn zu ersehnen.

Unser Kommen und Gehen – nicht nur im großen, sondern auch von einem Zimmer ins andere –, die Augenblicke, da wir zu warten gezwungen sind – am Einzahlungsschalter oder vor der Telephonkabine oder bis im Autobus ein Platz frei wird – sind Gebetsmomente, die uns dann zufallen, wenn wir dafür bereit sind. Sie verpaßt zu haben, weil wir dafür nicht gerüstet waren, kann als das gelten, was es ist: eine geringe Sünde. Wenn aber eines Tages mit dem Herrn zusammen die Rede von Liebe und nicht von Sünde sein wird, dann werden wir vielleicht einsehen, was für seltsame Liebende wir waren.

Denn solche kleinen Zeitmulden gibt es für jedermann, und wir Frauen wissen genau, womit wir sie füllen, wenn wir nicht im Gefolge des Herrn sind. Entweder träumen wir, dafür stehen wir in wohlbegründetem Ruf, oder wir sind «anderswo», das heißt wir denken zehn Minuten lang ohne jeden ersichtlichen Grund an die Persil-Reklame auf dem Bahnsteig der Untergrundbahn. Oder wir gehören zu den «Problematischen» oder treiben Kult mit unseren kleinen Sorgen. Die dergestalt verlorene Zeit gilt es zurückzugewinnen und dem zu erstatten, der das Recht darauf hat. Man zieht den Herrn einem Plakat, einem Schlagwort, sich selber vor.

Leben braucht keine Zeit...

Man müßte eine Menge Vergleiche heranziehen, um verständlich zu machen, daß im Evangelium nicht die Zeit das Wertvollste ist.

Unter Menschen, die sich lieben, ist die Zeit, einander das zu versichern, oft sehr kurz; jeder muß vielleicht an seine Arbeit oder zu einer andern Verpflichtung; aber während dieser Arbeit, dieser Verpflichtung wird eines widerhallen: die paar in Minuten gewechselten Worte.

Haben wir einen geliebten Menschen verloren und finden einen Brief, ein paar Aufzeichnungen, die uns ein Weniges aus seinem Leben enthüllen, so meinen wir einen Schatz entdeckt zu haben, und unser Geist beschäftigt sich wirklich so damit, als wäre es ein Schatz.

Und hätten diese Aufzeichnungen zufällig darauf Bezug, was diese Person von uns oder für uns dachte, was sie wünschte, daß wir täten, so würden sie für uns entscheidend.

Haben wir, als wir klein waren, den Vater, einen älteren Bruder verloren, den wir aus seinen Schriften, seinen Notizen, seinen letzten Wünschen kannten, dann ist die Begegnung mit einem seiner Freunde, der uns von ihm erzählt, ihn durch Anekdoten lebendig werden läßt, uns schildert, was er tat und wie er es tat, ein wichtiges Ereignis in unserem Leben und wird unsere Gedanken lange beschäftigen.

Das Evangelium ist ein bißchen von all dem für uns, sollte es wenigstens sein.

Wollten wir es unter geschichtlichem oder textkritischem Gesichtspunkt studieren, dann würde das viel Zeit beanspruchen; suchten wir zu vertiefen, was in der Theologie der Kirche an bestimmte Stellen im Evangelium anknüpft, so würde auch das erhebliche Zeit erfordern.

Aber wenn wir im Evangelium etwas vom lebendigen Herrn suchen – was nicht hindert, auch das andere zu tun –, wenn wir etwas von ihm suchen, das wir noch nicht kennen, etwas mehr von seinem Wort, mehr von seinem Denken, mehr von seiner Handlungsweise, mehr von dem, was er von uns wünscht, kurz mehr Ihn-Selbst, den wir überall suchen, wo er uns sagt, daß er zu finden sei, und den wir nie so finden, wie wir es gerne möchten: dann fehlt uns dazu nicht die Zeit, oder vielmehr: wir werden gewissermaßen unsere ganze Zeit dafür einsetzen müssen.

In der Tat: man braucht keine Zeit zum Leben, man lebt die ganze Zeit; und das Evangelium, was immer es sonst für uns sein mag, hat vor allem Leben zu sein. Damit die Worte des Evangeliums, die wir gelesen, gebetet, vielleicht auch studiert haben, ihr Werk der Verlebendigung in uns vollbringen können, müssen wir sie in uns tragen, solange als das von ihnen ausstrahlende Licht braucht, um uns zu erleuchten und zu beleben.

Gebet und Sakramente

Sakramente, denen kein Gebet vorangeht und die von keinem Gebet begleitet werden, sind wie eine gesunde Nahrung, die man in einer verschlossenen, nie verlassenen Wohnung einnähme.

Jedes Sakrament verändert tatsächlich etwas in uns durch die Mitteilung dessen, was Jesus selber ist. Wenn wir die eben empfangene Gabe nicht betend «betrachten», dann lassen wir ihn zwar sich selber einsetzen, bringen ihm aber keinen Willen entgegen, neugeboren zu werden. Also sind wir bloße Vergeuder.

Dagegen kann auch die selten empfangene sakramentale Gnade dank des Unendlichkeitsmoments, das jede Teilnahme am Herrn in sich schließt, zwangsläufig lebendig und verwandelnd bewahrt werden, entsprechend dem Ausmaß unserer Hoffnung.

Die Messe und das offizielle Gebet der Kirche

Die Messe ist das Opfer Christi. Daß sie Opfer ist, macht sie zur Freude und zum Schmerz: Schmerz, weil das, was Jesus gelitten hat, nie leicht genommen werden kann; Freude, weil dieser Schmerz die Ursache unseres Friedens als Gotteskinder ist, Ursache, daß wir zur Familie des Vaters versammelt sind, eingelassen in die Liebe.

Wir haben oben hinreichend den Opfercharakter unserer Verfügbarkeit zu Gott, die primäre Wichtigkeit, die wir dieser Opfergesinnung beimessen müssen, aber auch die Unmöglichkeit, sie von der Liebe zu den übrigen Kindern Gottes, den Mitmenschen, zu trennen, betont, daß uns die Messe nunmehr ohne Schwierigkeit als das tägliche Brot, der stets notwendige Lebensbedarf erscheinen muß.

Sie kann aber unter bestimmten Umständen, in gewissen apostolischen Situationen beinah aus unserem Leben verschwinden oder zu etwas Seltenem werden. Ein solcher Zustand muß bisweilen geduldet werden. Freilich wäre es bloße Vermessenheit, wenn einer, der solche Prüfung zu bestehen hat, dabei nicht durch die — auch unsichtbaren, aber aufwiegenden — Akte seiner christlichen Brüder oder durch priesterlichen Beistand gestützt würde.

Je nach ihrem religiösen Temperament oder ihrer persönlichen Gnade werden die Menschen mehr oder weniger vom offiziellen Kirchengebet angezogen. Ich denke nicht, daß wir darauf verzichten dürfen, wenigstens nicht ohne uns ernstlich damit befaßt zu haben.

Jedenfalls wäre es ein Zeichen schwacher Verbundenheit mit der Kirche, wenn wir keine Beziehung zu dem besäßen, was «ihr Gebet» ist, was durch sie zum Gebet Christi geworden ist.

Die Liturgie mit ihrem jährlichen Festkreis oder den Heiligenfesten läßt sich wundervoll auch im Rahmen unseres Lebens erinnern. Selbst ihre «Horen» sind im Stundenablauf unseres Tages leicht ins Gedächtnis zu rufen.

Sieben Minuten über das Gebet

Zu einer Begegnung beim ökumenischen Institut von Bossey (Schweiz) waren im Juli 1959 Vertreter verschiedener Konfessionen (siebzig Teilnehmer, darunter fünf Katholiken) eingeladen worden, um auszusagen, was ihnen das Gebet «ihrer Kirche» an Wertvollstem vermittle. Jedem Sprecher waren sieben Minuten eingeräumt. Dabei sollte weder über die Eucharistie noch über die möglichen Verbindungen zwischen Gebet und Dogma gesprochen werden. «Als ich angefragt wurde», berichtet Madeleine, «ob ich unter diesen Bedingungen über das Gebet reden wolle, erbat ich, eben angekommen, Bedenkzeit, indem ich meine mangelnde Kenntnis des meinen Mitrednern geläufigen «Vokabulars» und die drohenden Mißverständnisse geltend machte. Ich fügte hinzu, daß es mir fast unmöglich scheine, von unserem Gebet zu sprechen, ohne die Eucharistie zu erwähnen... Mein kurzer Beitrag wurde zum Ausgangspunkt herzlicher Beziehungen zu meiner Umgebung.»

Wir haben zwei verschiedene Entwürfe des von Madeleine gebotenen Beitrags vorgefunden und geben sie beide wieder. Der Vergleich zwischen ihnen gibt einen Begriff davon, wie sehr sie bemüht war, bei aller Hochachtung für ihre Zuhörerschaft, getreulich auszudrücken, was ihr am Herzen lag.

1. Was mir am Gebet das Wertvollste ist

Ich gehöre Jesus Christus in der römisch-katholischen Kirche an. In der Kirche bin ich wie ein Glied im Leib, wie eine Zelle in einem lebendigen Organismus. Sie vermittelt mir das Leben der Kinder Gottes.

Als ein Kind Gottes in Christus leben heißt:
- bei ihm sein und mit ihm reden, das heißt persönlich beten.
- stets aber bedeutet dies, im Familienverband mit der ganzen Welt sein, wobei man zugleich zur Familie Gottes gehört.
- das heißt für mich, am Gebet der Kirche teilnehmen.

Dieses Gebet ist untrennbar vom Leben der Kirche,
von ihrem sakramentalen Leben, der Eucharistie,
dem Abendmahl des Herrn, mit dem zusammen
sie ein Ganzes bildet.

Die Kirche hat *ihr* Gebet. Sie ist ständig am Beten.

Das Gebet der Kirche ist:
Eine Verherrlichung Gottes, Gebet zu Gott, weil er
Gott ist;
es erbittet nichts,
es verherrlicht Gott im Namen der ganzen Welt
und bedient sich dabei der Worte Gottes selber.

Das Gebet der Kirche ist:
Die Betrachtung, die Nachahmung Jesu Christi,
wie sie mir täglich abverlangt wird, zu jeder Zeit
des Jahres.

Das Gebet der Kirche ist:
Das Wort Gottes, das Gesetz Gottes,
die Aufforderung, sich zu bekehren, ihm zu
gehorchen.

Das Gebet der Kirche ist die Sorge um alle Menschen:
— universal: ohne irgendeinen auszuschließen,
— total: ohne ein einziges Bedürfnis eines Menschen auszuschließen.

Das Gebet der Kirche ist:
Ihr Gebet für mich, den Menschen und den
Armen.
Es bewahrt mich davor, mich von meinen Eigen-
süchten oder meinen Sonderinteressen faszinie-
ren zu lassen. Die Kirche betet für jeden.

Das erlaubt mir, mein individualistisches Getöse ins
   Schweigen zu versenken,
   in mir still genug zu sein, um beten zu können.

Es erlaubt mir, die wahren Motive des christlichen
   Gebets dauernd wiederkehren zu sehen: Gott
   verherrlichen, weil er wirklich Gott ist; die ge-
   samte Welt Gott darbringen.

Es erinnert mich daran, was das heißt: Absolutheit
   der Liebe Gottes, Absolutheit der Liebe zu meinem nächsten Mitmenschen, selbst an Tagen, da
   ich Lust hätte, dazu fähig wäre, ihn zu vergessen.

Es schenkt mir den Frieden.

2. *Das Gebet in der Kirche*

Es übergibt mich dem Schweigen, jenem Schweigen,
   das der Urstoff des Gebets ist.

Es übergibt mich dem Schweigen durch seine unaufhörlichen, unerläßlichen, nie endenden Rufe,
   die es der Herrlichkeit Gottes entgegenwirft.

Es macht mich frei, für ein aus meinem ganzen
   Selbst geformtes Flehen für die Bedürfnisse aller,
   auch der mir Unbekannten verfügbar zu sein:
   denn in seiner Fürbitte greift es ohne Ende die
   wesentlichen Anliegen der ganzen Menschheit
   auf, der *jedes* Bedürfnis – eines *jeden* Menschen
   – *jeden* Tag entfließt.

Es entledigt mich allen Gepäcks, damit ich Gott
   nachjage. Am Ende jeden Tages kann ich alles

hinter mir lassen, was ich vom Wort Gottes gehört, befolgt oder schlecht gehört, schlecht befolgt habe; morgen wird mir die Kirche dieses
Wort neu schenken, und ich werde ihr ein neues
Herz anbieten können, um zu hören und zu gehorchen.

In der Kirche bin ich in Jesus Christus, lebe ich
Jesus Christus;
in der Kirche wie ein Glied in einem Leib,
wie eine Zelle in einer lebendigen Materie.
Mein persönliches Christenleben ist die Folge
dieses Gemeinschaftslebens der Kirche.

Das Gemeinschaftsgebet der Kirche, das liturgische,
ist untrennbar von den Sakramenten: als Ganzes hat
es seine Mitte in der Eucharistie, dem Geheimnis
des Abendmahls des Herrn.
Es vollzieht sich meistens öffentlich, aber auch als
privates bleibt es Gemeinschaftsgebet.

Wie die Kirche, so ist das Gebet der Kirche für Gott da.

Wie die Kirche, so ist das Gebet der Kirche inmitten
der Menschen für die Menschen da.

Für Gott erfüllt es das erste Gebot,
ist Liebe zu Gott, und Liebe ist selbstlos.
Es ist zuerst und vor allem größtmögliche Verherrlichung Gottes, in Worten, die fast immer Worte
Gottes selbst sind;
im Namen aller Menschen, eines jeden in der
gesamten Welt.

Für die Menschen ist es Verteilung dessen, was wir
als Größtes besitzen: Gott verherrlichen zu können,
für sie wie auch für uns.

Dieses Gebet ist Betrachtung Jesu Christi: Gehorsam und Gleichgestaltung.

Dieses Gebet ist eine Belehrung im Gottesgesetz. Das Evangelium ist seine Mitte.

Dieses Gebet befreit uns von allen Eigensüchten oder von allem, was innerhalb der Bruderliebe die Liebe zu einigen unserer Brüder verfälscht: denn Gebet ist immer *universal* und immer *total* für alle echten Nöte aller Menschen.

In ihm werden unser Geiz, unsere Härte, unsere Blindheit aufgewogen.
Und inmitten aller Menschen, auch für den Menschen, der wir sind:
- läßt es unser inneres Getöse verstummen,
- schenkt uns das Schweigen über uns selbst,
- macht uns fähig, das Wort des Herrn zu empfangen;
- befreit uns von unsern Gewohnheiten, unsern unnützen Erinnerungen,
- macht uns neu für das, was Gott an jedem Heute von uns will;
- erlaubt uns, Christus und dem geheimnisvollen Anruf des Glaubens nachzufolgen, von dem es uns sagt: *nichts* als das Absolute, aber das *ganze* Absolute, selbst an Tagen, da uns nur noch die Kraft, ihm zu entfliehen, verbliebe.

Notizen über das Gebet (II)

BETEN IST EINE GABE GOTTES

Herr, lehre uns beten!

Es gibt kein «Fähigkeitsausweis» für das Gebet.

Aus äußern oder innern Gründen wird man ab und zu einräumen müssen, daß man nicht weiß, wie man betet, oder daß man es nicht kann.

Man muß:
Glauben, daß das Gebet unumgänglich notwendig ist, damit das Leben Christi sich in uns lebendig, wirksam, fruchtbar erweise.

Die Gewißheit dieser Unerläßlichkeit ist eine Folge des Glaubens. Das Beten wird uns geschenkt wie der Glaube, mit dem Glauben zusammen. Wenn wir nicht um das Gebet *bitten*, bleibt es auf einem «toten Punkt»; wenn wir aufhören, darum zu beten, verdämmert es, geht uns «aus dem Sinn».

Glauben, daß, um beten zu können, der gute Wille nicht hinreicht, wenn er nicht in die Bitte an den Herrn übergeht: «Herr, lehre uns beten!»

Glauben, daß, um beten zu können, unsere Anstrengungen, die Notwendigkeit des Gebets in uns zu begründen, für sich allein wirkungslos bleiben. Lesungen und Nachdenken darüber, Betrachtung des Lebens des Herrn und seines Gebetes, Überlegen dessen, was er darüber gesagt hat, und Aufmerksamkeit seinem Worte gegenüber: das alles ist wirksam nur, wenn wir mit Glauben auch erbitten, daß mehr Glaube in uns werde, so daß wir überzeugt sind, daß Gebet eine Frage auf Leben oder «langsamen Tod» für uns ist; daß das Leben Christi ohne Gebet in uns bloß vegetiert, sozusagen nur eben fortbesteht.

Glauben, daß, um das Gebet in unser christliches Leben zu integrieren, so wie Essen, Trinken, Schlafen darin integriert sind, unsere Bemühungen allein nichts vermögen.

Bemühungen des guten Vorsatzes («ich habe mir vorgenommen, fortan…»),

Bemühungen weitgefaßter Entschlüsse («von der Fastenzeit an werde ich…»),

Bemühungen, unsere Zeit besser einzuteilen…

Bemühungen, unsere Beschäftigungen je nach ihrer Wichtigkeit zu ordnen; alle diese Bemühungen werden meist nur künstliche und stets hinfällige «Resultate» zeitigen, wenn sie nicht von unserem «Gebet um Gebet» begleitet, in unserer Hoffnung begründet sind, die Licht erbittet, um richtig zu beten, Kraft, um überhaupt beten zu können.

Glauben, daß wir nicht einmal das Verlangen nach Gebet in uns verspüren würden, wenn dieses Verlangen nicht bereits von Gott geschenkt wäre, um wie jede Gottesgabe in Danksagung zu ihm zurückzukehren.

Die Gnade, die uns das Verlangen nach Gebet eingibt, verleiht uns auch die Kraft, dieses Verlangen in die Tat, in konkretes Gebet umzusetzen. Die Gnade erlaubt uns, in einem echten, aufrichtigen Gebet das Gebetsverständnis, das Betenkönnen zu erflehen.

IN GANZHEIT BETEN

Erbitten wir vom Herrn das Gebet mit einer konkreten Bitte, in die wir «unser ganzes Bündel» hineinlegen, alles, worüber wir verfügen, selbst wenn es sehr wenig ist: unser ganzes bißchen Kraft, unser ganzes bißchen Lust daran, unser ganzes bißchen Zeit. All das, was wir in eine menschliche Bitte hineinlegen würden, die uns sehr am Herzen läge, auch an einem Tag, da wir uns hinschleppen, Kopfschmerzen uns verblöden, unsere Zeit knapp ist.

Um zu erbitten, was wir wirklich wollen, tun wir alles, was wir wirklich können; dies Alles genügt dann; erbitten wir das Gebet, selbst wenn dieses Alles fast nichts ist.

Beten bedeutet nicht – nach der Definition jenes alten Liedes – «Glück und höchste Freude!»...; heißt nicht, sein Gebet, ein Gebet «verrichten».

Beten heißt aufhören, etwas anderes zu tun, heißt zuerst, sich von dem, was man tut, losreißen, um mit Gott zu reden.

Beten heißt nicht, sich von den Andern absondern, das loswerden, was wir zu tun haben, sondern in Wahrheit zu Gott hinschauen, von Angesicht zu Angesicht mit ihm reden, ohne den Kopf wegzuwenden und ihm den Rücken zu kehren, um zu versuchen, gleichzeitig noch jemand andern oder etwas anderes in den Blick zu bekommen.

Beten heißt, es mit Gott zu tun haben, wie wir im Augenblick unseres Todes mit ihm zu tun haben werden: allein. In diesem Augenblick vergißt man die Andern nicht, man verläßt sie nicht, in Evasion oder Gleichgültigkeit, vielmehr ist die Stunde für uns da, unser Leben zu geben, wir sind an der Reihe, in der Welt und für sie zu sterben.

Beten heißt, sich zu einem Opfer begeben, das jeder darzubringen hat. Lassen, die man läßt, scheiden, von denen man scheidet, ist ein Teil dieses *Opfers* des Gebets.

Unser ganzes Selbst muß dieses «Alles-Lassen» vollziehen. Unser Leib muß ein Zeichen dafür sein, daß wir uns Gott zuwenden. Dies je nach der Art eines jeden und entsprechend der Zeit. Wir können uns hinknien oder umhergehn, falls wir sonst an den Arbeitstisch gefesselt sind. Wir können uns hinsetzen, wenn wir vor lauter «zu erledigenden Dingen» stets unterwegs sind.

Unsere Aufmerksamkeit muß sich von allem abwenden, was Beschäftigung mit aktuellen Problemen ist, von den bestimmten Wünschen für diesen oder jenen, von dem, was zu verwirklichen wir für nützlich erachten.

Alle in uns wohnenden Wünsche, alle Sorgen, alle Hoffnungen sollen in uns bleiben, aber am toten Punkt, damit wir blindlings, ohne Vor-Sicht, auf Gott zugehen und von dem uns bekannten Herrn die uns unbekannten Güter erbitten, die er immer zu schenken bereit ist, deren Inhalt uns verborgen bleibt; wir wissen bloß: sie werden das «Beste» sein.

Lassen sollen wir das «Ich» und das «Mich», um «Wir» zu sagen. In Christus, mit ihm, durch ihn beten wir. Das Gebet eines Christen ist *das* Gebet Christi. Aus Christi Gebet ist kein Toter, kein Lebender ausgeschlossen. Hier wird das umfassendste «Wir», das möglich ist, ausgesprochen.

Im Glauben soll unser Gebet mit diesem «Wir» zusammenfallen. So nehmen wir am Gebet Christi teil, der das unsere für jeden Einzelnen in der Gesamtheit der Menschen tätig, wirksam sein läßt, in einer Tatkraft, einer Wirksamkeit, die uns sonst unzugänglich blieben.

In dieser Hoffnungsfülle können wir das Gefühl haben, den Boden zu verlieren. Es mag uns scheinen, eine solche *Auslieferung* an alle hieße die Unseren benachteiligen, sie *verraten*.

Aber auch hier gilt es, an die verborgene Ökonomie der Erlösung zu *glauben*. Wie alle Akte unseres christlichen Lebens, ist auch unser Gebet Liebe zu Gott, die sich aber in der Liebe zum Nächsten, in der Liebe zur ganzen Welt als glaubwürdig zu erweisen hat.

So im Gebet Christi selber beten, das Mysterium bejahen, das es enthält, heißt mit dem höchsten Einsatz auch für die uns zunächst anvertrauten Menschen beten... auch für uns selbst.

Zerstreuungen sind nicht immer Hindernisse in der Verfügbarkeit des Gebets. Oft bleiben sie uns äußerlich: wie Hummeln, Fliegen und Mücken. Sie stören uns, wie diese uns bei einer wichtigen Unterredung stören würden.

Systematisch und sorgenvoll auf sie Jagd zu machen, könnte zum Hindernis werden.

DAS GEBET UND DIE ZEIT

Gott gibt jedem seine Gebetszeit

«Man muß der Zeit Zeit lassen», sagte Johannes XXIII. Das gilt für das Gebet wie für jede andere Tätigkeit. Bei allem, was wir tun, ist die Zeit ein Rohstoff.

Aber was tun, damit das Gebet *seine* Zeit hat? Wie das Ausmaß dieser Zeit bemessen? Wie das rechte Maß finden?

– Ohne Zeit*aufwand* gibt es kein lebendiges Gebet.

– Aber nicht die Zeit*dauer* verbürgt das Gebet, sondern der *Wert* der Zeit: was wir anderes damit anfangen könnten, und dieser Wert variiert. Er ist je nach Epoche, Person, Lebensperiode verschieden.

«Der Mensch lebt nicht vom Brot allein»

Den Worten des Herrn läßt sich viel Ähnliches zwischen den Akten des Sichernährens und des Betens entnehmen:

Lang bei Tisch sitzen, ohne zu essen, ernährt
nicht.
Mehr essen, als man verdauen kann, macht krank.
Von der Hand in den Mund läßt sich nicht so
gut essen wie vom Teller.
Ißt man zu wenig, so serbelt man.
Schluckt man unverkaut, so schlägt es nicht an.
Ißt man überhaupt nichts, so stirbt man.

Gott schenkt uns jederzeit *unsere* Möglichkeit zu beten, aber diese entspricht nicht immer *unsern Vorstellungen* vom Gebet.

Wir haben sicher die Zeit so zu beten, wie Gott will, daß wir beten, vielleicht fehlt sie uns bloß, um nach unserer Vorstellung zu beten.

Wenn Gott für uns ein Sandwich vorgesehen hat, wir aber einen Tagesteller und zudem eine Vor- und Nachspeise begehren, so werden wir das Sandwich nicht essen, wozu wir doch Zeit hätten, und vergeblich auf die halbe Stunde warten, in der wir unser Menu verzehren könnten. So kommt es dann vielleicht dazu, daß wir die berühmte halbe Stunde nicht finden und unsern Tag ohne Gebet beschließen.

Das vom Glauben gewährte Gebet, das unser Leben mit Glauben nährt, ist ein unmittelbares Gebet, ein voll lebendiges.

Wer bloß an den Speisen nascht, nur mit einem Auge schläft, nur mangelhaft durchatmet, zieht vielleicht sein Leben dahin, läßt es dauern, aber er schafft es nicht neu, führt ihm keine neue Kraft zu, die ihm erlaubt, sich zu entwickeln. Genau so ist es mit einem Gebet, das an der Oberfläche unserer selbst und im Abstand zu Gott bleibt.

Wie kurz oder lang er sein mag: ein einziger Gebetsakt, der aus unserem Tiefsten aufsteigt, auf dem lebendigen, sprechenden, wirkenden Gott zu, erneuert, kräftigt, weitet alles, was wir tun, denn wir haben ihn in den Stunden unseres Tagewerkes gesät. Ein solcher Akt wahren Gebets beeinflußt unser ganzes Leben bis hin zum nächsten Augenblick, den Gott uns anbieten wird, um uns zu erneutem Gebet anzuregen.

Denn in Gottes Gegenwart leben heißt nicht bloß, sich in einer geistigen Welt aufhalten, wo der Gedanke an Gott etwas gilt, wo die Sorge, nach seinem Wohlgefallen zu handeln, die Art unseres Handelns bestimmt, es heißt auch, das Ohr offenhalten, bereit sein, ebenso schnell zum Herrn hinzueilen, wenn die Gnade uns eingibt: «Der Herr möchte dich sehen», wie wenn sie uns nahelegt: «Der Herr schickt dich zu einem Bestimmten.»

Der Heilige Geist ist es, der uns dergestalt anfordert, indem er zugleich unser Herz und die Umstände bewegt. Man muß ein Ohr innen und außen haben, um seine Einladungen zu vernehmen, ihnen also zu folgen.

Die «Zeit» des Gebets hat einen veränderlichen Kurs: die Minuten werden teils nach der alten, teils nach der neuen Währung berechnet. Ob nun wenig oder viel erfordert ist, die Gebetszeit hat dann ihren vollen Wert:

— wenn ich Gott dabei mich und das Meine opfere (nicht die Anderen und was ihnen gehört);
— wenn das Gebet ein Opfer der ganzen Kirche ist und zusammen mit diesem das Opfer Christi (Beten heißt eine Funktion des Leibes Christi auf Antrieb seines Geistes erfüllen);
— wenn es ein Opfer *für* alle ist (vgl. oben).

Aber an jedem Einzelnen ist es, diese Zeit zu ent-
decken.

Abholzen oder Bohren

Unser ganzes Dasein ist dazu bestimmt, zu lodern und
zu wärmen. Überall, wo die Liebe Eingang fand, verwandelt sie unser Leben in Brennstoff.

Aber wenn Gott der brennende Dornbusch ist, der
lodert, ohne sich zu verzehren, so sind wir unsererseits
rasch verzehrt, falls wir ablassen, den Glauben zu erbitten, für ihn bereit zu sein, ihn zu empfangen, kurz,
wenn wir ablassen, aktiv mit dem Leben des lebendigen Gottes in Verbindung zu bleiben. Der Glaube will
unterhalten sein wie ein Feuer.

Dafür gibt es kein Buch mit «Kniffen» oder Rezepten. Das Leben jedes Einzelnen zeigt in seinen Umständen, wo dessen persönliche Möglichkeiten liegen, je nach den äußeren Voraussetzungen und der
eigenen Begabung.

Das Ordensleben in seinen verschiedensten Formen ist im voraus so geordnet, daß das Gebet darin
seine Zeiten, seine bestimmten Stunden hat. Bei den
Kontemplativen ist alles auf ein Maximum aktiven Gebets ausgerichtet. Um «das Feuer zu unterhalten» ist
der Aufwand an Zeit so beträchtlich, daß dazu anscheinend ganze Wälder abgeholzt und wieder auf-
geforstet werden müssen.

Aber die Leute vom Volk, vom christlichen Volk, wissen nicht immer, wann, wo und wie sie beten sollen.

Freilich, es gibt überlieferte Formen persönlichen
Betens, die manche übernehmen können, ohne damit
ihr Leben zu verrenken, zu überziehen, zu überfüllen.
Aber in einer Zeit, da die Existenzbedingungen sich
immer schneller wandeln, muß jeder sich selber neue
Formen des Betens erfinden.

Manche setzen sich in den Kopf, «es genau gleich machen zu wollen»; das führt dazu, überhaupt nichts zu tun, weil «das gleiche» für uns praktisch unmöglich ist.

In das beschäftigste, umhergeworfenste Leben dringen doch, wie feiner Staub, leere Zeitteilchen ein. Sieht man sie – man sieht sie nicht immer –, so müßte man auf den Gedanken kommen, sie zusammenzulegen und dadurch ein Stück verwendbare Zeit zu gewinnen. Wenn wir behaupten, beten sei unmöglich, so müssen wir uns auf die Suche nach diesem Zeitstaub machen und ihn, *so wie er ist*, verwerten.

In weiten Gebieten der Welt kennen die Leute als Brennstoff nur Holz und anderswo Holz und Kohle, aber es gibt auch Öl. Um eine Öl-Schicht zu erreichen, spielt die Ausdehnung keinerlei Rolle. Man braucht nicht Tausende von Quadratkilometern auszubeuten, auch kein System unterirdischer Galerien anzulegen. Man bohrt senkrechte Schächte, deren Öffnung lächerlich eng ist, dringt aber so tief hinunter als nötig, um die Ölschicht zu erreichen.

Heutzutage ist in manchem städtischen Leben das Gebet nur durch Bohrungen möglich, wobei Intensität die Dauer ersetzt. Solch kräftiges und sichtloses Hinabtauchen strebt in der Tiefe zu Gott hin, in konzentrierten Akten des Glaubens, der Hoffnung und der Liebe. Ihre Beharrlichkeit besteht in einer gebrochenen Linie, aber ihr wiederholter Vorstoß erreicht die Tiefe zu der Stunde, die Gott bestimmt, an der Stelle, wo man Gott schöpft.

Die Zeit nützen ist nicht Sache des Improvisierens

Man darf allerdings nicht vergessen, daß Bohrungen nicht improvisiert werden. Ja, sie lassen sich noch weniger als die Ausbeutung eines Waldes oder einer

Mine improvisieren. Ist die Ölschicht einmal festgestellt, dann sucht man das am leichtesten durchdringbare Gelände, plant die Installation und technische Ausrüstung, verschafft sich Maschinen, deren Stärke dem erwarteten Widerstand entsprechen.

Um in unserem Leben zu bohren, darin Gebetsschächte einzurichten, gilt es, *im voraus* die spärlich verfügbaren Räume zu entdecken, die dafür günstigsten Augenblicke auszukundschaften; wahrzunehmen, welche am besten jene Stunden versorgen können, da unser Glaube, unsere Hoffnung, unsere Liebe sich abzunutzen, zu versiegen scheinen.

Mit Klarsicht wird man sich überlegen müssen, ob fünf Minuten früher aufzustehen, um den Tag mit Gott zu beginnen — wie verblödet, schlaftrunken, denkunfähig wir dann auch sein mögen —, unserer Gesundheit ernstlich schadet; ob es eine ernsthafte Verletzung der Liebe ist, diese oder jene Person ein paar Augenblicke warten zu lassen. Ob jene eilende geistige Arbeit wirklich leidet, wenn wir ihr fünf Minuten entziehen, bevor wir uns dransetzen. Ob die Dringlichkeit des Besens oder der Waschmaschine ein paar Momente des Wartens verträgt, um uns ein Gebet zu gestatten; genau so wie sie es vertragen würde, wenn jemand uns rasch etwas sagen käme... oder mehrere...; oder wenn das Telephon läutete und so fort...

Ferner muß man überlegen, welche Form der Hinwendung zu Gott uns erlauben wird, uns — in dieser Blitz-Hinwendung — als Ganze hineinzulegen, alles, was uns zu Menschen und zu Christen macht. Man muß sich besinnen, in welcher innern Gesamthaltung wir am leichtesten zu Gott «gehen» können.

So kann es zum Beispiel vernünftig sein, zwei Fliegen auf einen Schlag zu treffen, indem wir uns, wenn wir müde sind, hinlegen, um zu beten. Aber es ist vielleicht doch sinnvoll, vor diesem Sichhinlegen einen ganz kurzen Moment einzuschalten, ... wo wir unsern Körper hinknien lassen... mit menschlichen Worten mit Gott reden, mit «der Frucht der Lippen».

Manche der gewöhnlichsten Gebete gewähren einen wundersamen Zugang: «Der Engel des Herrn», «Komm Schöpfer Geist»... oder andere. Es kann sein, daß wir sie nicht brauchen. Dann lassen wir sie. Aber wenn wir einmal schwer zu bewegen sind, dann können sie uns helfen, uns den nötigen Schwung zu erbitten. Selbst wenn wir k.o. sind oder krank, ist ein Falten der Hände zum Beispiel das Zeichen, daß unser Gebet kein «rein geistiges» ist.

Desgleichen kann das rasche Untertauchen in Gott im Lauf des Tages sich in einer Gebärde äußern, mit der unser Leib daran teilnimmt, die unseren geistigen Losriß von dem, was wir taten, unsere Vorbereitung auf das, was wir vorhaben, anzeigt. Sei es, daß wir die Arbeit, an der wir saßen, zusammenlegen, das Zimmer, in dem wir waren, verlassen, oder stoppen und uns hinsetzen, wenn wir mit Aufräumen beschäftigt waren usf. Der Unterbruch, den das Gebet bewirkt, soll durch einen, wenn auch ganz unscheinbaren Akt markiert werden.

«Wer getrunken hat, wird wieder trinken», wer gebetet hat, wird wieder beten

Ich weiß nicht, ob meine persönliche Erfahrung einem allgemeinen Gesetz entspricht. Bei mir aber haben diese Blitzakte den Geschmack am Gebet neu geweckt. Sie haben mich wieder mit der Quelle in Verbindung gebracht, dem Ursprung des lebendigen Wassers. Sie haben das Bedürfnis vertieft, immer tiefer daraus zu schöpfen. Sie haben gleichsam die Möglichkeit ihrer Vermehrung gezeigt. Sie haben mir bewiesen, daß das, was sie einbrachten, wirklich *lebensnotwendig* war.

Wie das? Ich weiß es nicht; sie haben mich veranlaßt, das Unerläßliche und das *Mögliche* verlängerter Gebetszeiten zu entdecken, die nicht bloß zu keinerlei Konflikt mit dem Leben führten, sondern es lebbarer machten, weil es jetzt von dem Unersetzlichen ernährt wird, ohne daß es nicht gelebt werden kann.

Ist Gebet ersetzbar?

Man sagt: «Arbeit ist Gebet», man könnte auch sagen: «Leiden ist Gebet», aber arbeiten und leiden heißt nicht automatisch beten.

Damit Arbeit und Leiden zu Gebet werden, müssen sie uns in den «Zustand des Opfers» versetzen.

GEBET UND WORT GOTTES

Die grundsätzliche Notwendigkeit des Wortes Gottes

Das offizielle Gebet der Kirche als Ganzes ist wiederholtes, proklamiertes, zur Lehre erhobenes Wort Gottes.

Die Hauptbedingung, um in den Geist dieses Gebets einzudringen und darin zu verharren, ist, daß man das Wort Gottes anhört, aufnimmt und sich einverleibt, damit es in uns wirken kann.

Es ist unmöglich, Anbeter Gottes «im Geist und in der Wahrheit» zu sein, wenn man nicht hinhört und lernt, was er uns durch seinen Sohn über sich selber sagt.

Man kann Jesus nicht begegnen, um ihn kennenzulernen, ihn zu lieben und ihm nachzufolgen, ohne konkrete, ständige, hartnäckige Zuflucht zum Evangelium, ohne daß diese zu einem Wesensteil unseres Lebens würde.

Jede dieser Grundausrichtungen, dieser fundamentalen Lebensabsichten mündet beim Wort Gottes, vor allem beim Evangelium, das seine Fülle ist. Aber Gott hat uns auch im Alten Testament angesprochen und redet darin weiter zu uns, und das Wenigste, was wir ihm an Aufmerksamkeit schulden, ist, anzuhören und aufzunehmen, was die Kirche uns das ganze Jahr über aus diesen Worten wiederholt.

Den Herrn wahrhaft und endgültig anzuhören, ist für uns eine Sache auf Leben und Tod.

Aber die größte Gefahr für uns ist nicht, ihn nicht anzuhören, sondern ihm dilettantisch zuzuhören.

Wort Gottes und Dilettantismus

Dilettantismus ist unsere größte Gefahr in bezug auf das Wort des Herrn, denn dabei bleiben wir in einem gewissen Kontakt mit ihm, leisten wir uns ein «gutes Gewissen».

Für ein Leben, das immerfort aus diesem Wort geboren und wiedergeboren werden soll, das darin seine Festigkeit und Kraft finden, daraus tagtäglich nicht nur Vorbild, sondern unmittelbare Weisung empfangen soll, muß die Parabel vom Sämann eine ständige Mahnung sein.

Sich dilettantisch mit dem Wort Gottes befassen, heißt zunächst es *nehmen* und es *lassen,* es außerhalb unseres Geistes, in der nötigen Entfernung, «auf dem Wege» lassen, damit sein Licht nicht auf unser Tagwerk, unsere Haltung, unser Handeln einwirken kann. Wir nehmen ein kleines Bad im Evangelium und lassen dann sein lebendiges Wasser entweder an uns oder am Handtuch verdunsten.

Sich im Hinblick auf das Wort Gottes dilettantisch

verhalten, heißt ferner darin auswählen, einiges «fallen lassen».

Verwechseln wir nicht die innere Eingebung, den Geschmack, den uns der Heilige Geist auf einer bestimmten «Piste» von Gedanken, Gefühlen und Geboten des Herrn eingibt, mit den «Gelüsten», die ein rein intellektuelles Studium der Texte in uns weckt, oder mit dem Wunsch, mit einigen zufällig herausgepickten Zitaten einen augenblicklichen Trend zu rechtfertigen oder auch bloß mit dem Hang unserer Faulheit: flüchtig liest man, was man vor Augen oder in der Hand hat, und klappt seine Bibel oder sein Evangelium zu mit dem Gefühl der erfüllten Pflicht.

Ein Dilettant sein heißt weiterhin: «für eine bestimmte Zeit glauben». Man stürzt sich auf ein Gleichnis, auf einen Anruf des Herrn, aber nimmt sich dann das Recht, zu vergessen, als sei das uns endgültig Abverlangte nur eine episodische Einladung gewesen.

Ein Dilettant sein besagt endlich und vielleicht vor allem, das Wort des Herrn zu einer «Konversation» über ihn, ja mit ihm verwenden, statt zu einer «Konversion», um derentwillen uns alles gesagt ist, was der Herr spricht.

Rein-menschliche Vergleiche können zeigen, in welcher Hinsicht wir «Dilettanten» sind

Das Evangelium und allgemeiner die Heiligen Schriften lassen uns lesen, was der Herr uns gesagt hat über das, was er ist, was er denkt, was er will.

Wir behaupten, den Herrn zu lieben, und wir lieben ihn wirklich. Aber betrachten wir ein Liebespaar, wenn irgendeine Trennung beide zum Schreiben nötigt. Betrachten wir, welch zentralen Platz die tägliche Post für sie einnimmt. Schauen wir zu, wie sie nach ihren Briefen greifen und sie wie einen Schatz davontragen.

Und wie durch ein Wunder finden sie Zeit, endlose Antworten zu verfassen.

Schauen wir den Liebenden weiterhin zu, wenn sie Gelegenheit haben, sich nicht mehr bloß zu schreiben, sondern miteinander zu reden. Erwarten sie einen Anruf, so wird sie der ärgste Lärm nicht hindern, das Klingeln zu hören, und schon eilen sie zum Apparat. Sind sie auf belebtesten Straßen beisammen, so verlieren sie kein Wort von dem, was der eine zum andern sagt. Es ist kalt, aber man würde es bei ihrem Anblick nicht vermuten. Es ist heiß, aber sie scheinen der allgemeinen «Erschlagenheit» zu entgehen.

Betrachten wir sie noch an einer Tafelrunde oder in einer erregten Gesellschaft oder bei der gemeinsamen Arbeit: alles scheint sich für sie in ein Fest zu verwandeln, weil sie Gelegenheit haben, miteinander zu reden.

Das Evangelium und die Schriften sagen uns, was im Willen des Herrn uns gegenüber unveränderlich ist: «Himmel und Erde werden vergehen, aber meine Worte werden nicht vergehen»; sie sagen uns, was in der Befolgung seiner Gebote ein für allemal gilt.

Betrachten wir Leute bei der Arbeit, die für sie nicht die eines «Mietlings» ist: wieviel Zeit sie brauchen, um die Arbeit zu erlernen, welchen Fleiß sie verwenden, Erfolg zu haben: der Advokat, seinen Fall zu gewinnen; der Gelehrte, ein Experiment richtig durchzuführen; der Geschäftsmann, Geld zu verdienen und so fort... Betrachten wir ihre Klugheit, ihre Findigkeit, die Anstrengungen ihres Verstandes und Willens, um kein Versager zu sein, ihren Vorteil nicht zu verpassen.

Das Evangelium ist eine *Neuigkeit,* eine gute Neuigkeit, neu jeden Tag.

Betrachten wir andere und uns selbst, wenn wir Nachrichten erwarten, sie zu erfahren suchen, herumraten an solchen, die uns nicht recht verständlich sind.

Blicken wir auf uns selbst, wenn wir Neuigkeiten von geliebten Menschen erwarten, ihretwegen in Sorge sind, oder Nachrichten über die Entwicklung eines internationalen Konflikts erwarten, über die Ursache einer Katastrophe, über Fragen, die am Konzil uns näher betreffen, oder über Ergebnisse in einer Angelegenheit, die uns am Herzen liegt.

Wenn wir so die Haltung anderer oder die eigene betrachtet haben, wo es um menschliches Lieben, Handeln, Erkennen geht, werden wir unsere Haltung dem Wort des Herrn gegenüber besser erkennen und beurteilen.

Ich denke kaum, daß wir uns etwas einbilden können... was übrigens auch nicht wünschenswert wäre.

Worte des Herrn, unsere Dynamik, unsere Wegleitung

Das Wort des Herrn bleibt in uns nicht toter Buchstabe: es ist Geist und Leben. Jede Bekehrung ist dynamisch, verwandelnd, bewegend.

Was der Herr gesagt hat, vergeht nicht, und durch sein Wort besitzen wir in Gegenwart und Zukunft das ewige Leben.

Jetzt spricht der Herr zu uns in der Zeit. «Er ist mit uns jeden Tag bis ans Ende der Zeiten.» Seine Worte, die «nicht vergehen», sollen von uns gehört, in uns aufgenommen, von uns «getan werden», unter einem Himmel und auf einer Erde, die vergehen, täglich mit ihm zusammen bis ans Ende der Zeit; für jeden von uns bis ans Ende unseres zeitlichen Erdenlebens.

Der Schallraum, den das Wort des Herrn von uns fordert, ist unser «Heute», die Umstände unseres Alltagslebens und die Bedürfnisse unseres Nächsten; die Ereignisse und Forderungen des Evangeliums verlangen von uns *stets dieselben Antworten,* aber in einer *täglich erneuerten* Gestalt.

Wir können als Isolierte im Wort des Herrn nicht unterscheiden, was er heute von uns will. Unser Beitrag besteht darin, heute, in der heutigen Welt und heutigen Zeit zu lauschen, was der Herr von jeher für heute von uns will, für die heute lebenden Menschen, für unsern heutigen Nächsten, und zu bitten, daß wir es sehen und begreifen.

Unser Sehen und Begreifen ist das Werk des Heiligen Geistes. Er ist es, der in uns und durch uns das Angesicht der Erde zu erneuern vermag, wenn wir für ihn offen, verfügbar und lenkbar sind.

Er allein kann es fügen, daß Gottes Wille ein Licht sei für unsere Sinne, Liebe in unseren Herzen.

Immer wieder wird durch den Heiligen Geist das Wort Gottes Fleisch, wird das Wort des Herrn wir selbst.

Damit aber «der Wille des Vaters auf Erden geschehe» in Christus durch den Heiligen Geist, muß unser Leben dem Herrn völlig ergeben sein, geweiht für den Einbruch des göttlichen Lebens.

Diese Fülle der Hingabe wäre eine Karikatur, wenn sie uns dazu verführte, zwischen Himmel und Erde zu leben, außerhalb des Himmels, dessen Stunde noch nicht gekommen ist, außerhalb der Erde, auf der zu stehn wir uns weigerten ... sogar abseits der Bahnen im Weltraum, wo die Raketen den Menschen voranziehn.

Diese Fülle der Hingabe verlangt Aktivierung all unserer Vermögen, all unserer Fähigkeiten, unseres ganzen Verstandes und Herzens; unseres gesamten Willens und unserer ganzen Geduld.

Diese Hingabe fordert, daß wir voll-lebendige Menschen seien, ganz dem Wort Gottes untertan, ganz geschmeidig und beweglich unter dem Antrieb seines Geistes.

Solche Hingabe versetzt uns in eine bestimmte Verfassung, in den Zustand der Kirche selbst.

Das Wort des Herrn und unsere Bekehrung

Im Evangelium redet Jesus nicht, um zu reden, sondern um uns zu offenbaren, damit wir *wissen* können, was wir zu wissen haben, daß wir *tun* können, was wir zu tun vorgeben.

«Bekehrt euch»: damit hebt die Verkündigung Jesu an.

Bekehrung ist das Werk des Herrn, sie ist kein magischer Ritus.

Das Wort des Herrn ist wirksam, aber unserseits ist eine Zustimmung zu dieser Wirksamkeit erfordert, die Sehnsucht und die Hoffnung in unseren Herzen, die nach dem Wort verlangen. Man muß seiner Wirksamkeit *zustimmen* und sie *ersehnen.*

Ob Bekehrung Sache eines Einzelnen oder einer Gruppe ist, sie fordert jedesmal die gleichen Voraussetzungen. Nur die Mittel, sie durchzuführen, sind verschieden. Außerdem bedingen sich Bekehrung des Einzelnen und Bekehrung der Gruppe gegenseitig.

Es gilt, das Wort des Herrn zu *hören.* Dazu muß man hinhorchen und nicht wieder weghören, die nötige Zeit einsetzen, sich nicht in die Büsche schlagen; das Wort empfangen und es bewahren.

Das ist ebenso wahr für das persönliche Leben wie für das eines Teams. Im Team ist gemeinsames Lesen des Evangeliums ein Sichsammeln um den Herrn und sein Wort. Zumeist mit der Absicht, unser Leben hinsichtlich dessen, was der Herr verlangt, dauernd zu überprüfen; zuweilen kann es ein Forschen im Herrenwort sein, um Antwort auf bestimmte dringende Fragen zu finden.

In beiden Fällen geht es darum, unser Leben verfügbar zu halten für das, was der Herr sagt, was er verlangt, wofür er das Beispiel gibt: unsere Eindrücke, Urteile, Impulse angesichts des Denkens, des Wollens Christi *in der Schwebe* zu lassen; bereit zu sein, die «Gesinnung Jesu Christi» in uns zu haben.

Wenn kein echtes Bittgebet, keine echte von der göttlichen Hoffnung angeregte Sehnsucht in uns diesem gemeinsamen Versuch einer Neubesinnung oder dieser gemeinsamen Bitte um Rat vorausgeht, wird keine Erleuchtung vom Herrn, keine wirkliche und wirklichkeitsnahe Antwort von ihm her erfolgen.

«Mir geschehe nach deinem Wort.»

Ein einziges in uns geschehendes Wort des Herrn ist besser als stundenlanger Meinungsaustausch, mag er noch so herzerwärmend sein.

Sowohl vor der Überprüfung unseres Lebens nach den Leitlinien des Glauben, wie nach einer Befragung des Herrn: in jedem Fall muß man *hinhorchen, um etwas zu vernehmen.*

Was uns am Hinhorchen hindert

Zunächst alle anläßlich des persönlichen Betens erwähnten Gründe. Und ferner:

Wir meinen im voraus zu wissen. Wir picken im Evangelium heraus, was unsere vorgängige Überzeugung bestätigt.

Oder wir trauen im Gegenteil gewissen Erinnerungen, gehen nicht von neuem auf die Suche, sondern beziehen uns, um dies oder jenes wiederzufinden, auf Dinge, die wir früher einmal entdeckt hatten...

Gewiß, sinnlos ist das nicht. Jeder Umgang mit dem Evangelium vermittelt Gnade. Doch wenn wir unsere Aufmerksamkeit, den Ernst unseres Suchens und unser Verlangen nach Wahrheit mit dem vergleichen, was wir in einer rein-menschlichen Angelegenheit aufbringen, um uns eine bestimmte Auskunft, eine erforderliche Hilfe zu verschaffen, fällt der Vergleich meistens zugunsten der menschlichen Angelegenheit aus.

Wir geraten kaum je in Gefahr, daß uns der Herr bei unsern Beschäftigungen «stört», und weit weniger noch bei unsern Vorhaben.

Das gehörte Wort muß *bewahrt* werden, und seine Wirksamkeit in uns hängt von der Art ab, wie wir es in uns bewahren: als ein Saatkorn in der Erde, die wir für das Wort sind.

Haben wir einen Entschluß gefaßt, eine auf dem Wort des Herrn begründete, von ihm her motivierte Entscheidung gefällt oder uns vorgenommen, dem vom Herrn Gesprochenen, Getanen nachzuforschen, damit es unser Leben neu beleuchte, es wiedergebäre, dann müssen wir das Wort des Herrn bewahren und achtgeben, es nicht «auf dem Weg» liegen zu lassen, bevor es in uns den Keim der Bekehrung getrieben hat.

Desgleichen gilt es bei diesem Wort *Wache zu stehen,* um es nicht bloß zu bewahren, sondern auch zu beschützen: es gegen die Dornen und das Gestrüpp, das uns «auf Zeit hin glauben» ließe, aber nicht lang genug, damit das Wort die Bekehrung in uns wirkt.

Wenn so viel Bibelrunden praktisch Versammlungen von Leuten bleiben, die «reden, aber nicht tun», so liegt der Grund dafür großenteils in unserer Flatterhaftigkeit, in der Unbeständigkeit unseres Willens; und dies, weil ein «ernstes Anliegen unseres Vaters», die Verwirklichung seines Willens in einem Leben für ihn, anderen Geschäften nachgestellt wird, die ihn weniger betreffen... oder vor allem uns selber angehn.

III. Gebetetes Leben

Apostolisches Wirken heute
(1960 für einen Bischof verfaßt)

Wir sind heute, bewußt oder nicht, von Gleichgültigen und Ungläubigen umgeben.

Leute haben, vereinzelt oder in Scharen, aufgehört zu glauben oder haben niemals geglaubt oder wissen nicht einmal etwas von dem, was wir glauben.

Diese sind unser Nächster.

Schon ihre bloße Anwesenheit versetzt uns in missionarische Situationen, die wir nicht selber gewählt haben und die uns überrumpeln.

Unser christliches Leben muß in Taten das werden, was christliches Leben seinem Wesen nach ist: apostolisch.

Wir sind für ein solches Handeln nicht nur nicht vorbereitet, man hat uns zu einem Leben erzogen, in dem apostolischer Einsatz anscheinend nicht mehr gefragt ist.

Wir sind für den apostolischen Einsatz nicht bloß nicht ausgebildet, wir sind daraufhin verbildet worden.

Wir kannten «das apostolische Leben» «in den Missionen»; «apostolische Beschäftigungen», in denen man «Apostolat treibt» oder die «apostolischen Tätigkeiten» «eines» Apostolats.

Aber den apostolischen Einsatz kannten wir praktisch nicht, den normalen Einsatz eines christlichen Lebens angesichts seines ungläubigen Nächsten. Wir lebten ein christliches Leben, aber ein unter Christen gelebtes christliches Leben.

Darin wurden wir erzogen; daraufhin ausgebildet.

Jetzt gilt es, uns zu wandeln, auf Grund einer Verpflichtung, der wir uns nicht entziehen können, weil sie für die Berufung zum Christen konstitutiv ist. Das läßt sich nicht ohne Verspätung, ohne Schmerz und Irrtum erreichen. Irrtümer vor allem, da wir *praktische Ignoranten* der übernatürlichen Wirklichkeit sind: der Mission, für die Gott uns den Glauben geschenkt hat.

Wo wir das christliche Leben *unter Christen* leben, begegnen wir den normalen Umständen apostolischen Einsatzes nicht. Im allgemeinen und normalerweise haben wir darin keine Erfahrung.

Die Mentalität unserer Umwelt bildet mit ihren Evidenzen einen Überbau über den Gewißheiten des Glaubens: es scheint, als könne man aufgrund familiärer, regionaler, nationaler Treue auch als Ungläubiger an Gott glauben, an christlichen Ansichten festhalten.

Daher die verworrene und unangemessene Kenntnis der übernatürlichen Dinge

— verworren: wir unterscheiden die Glaubenswahrheiten kaum mehr von den Evidenzen unseres Geistes.

— unangemessen: weil wir die Glaubenswahrheiten anders erkennen, wenn sie unser praktisches Leben betreffen, als wenn sie das nicht tun.

— was unsere Lebensbedingungen uns nicht eigens in Erinnerung rufen, darauf achten wir nicht.

Unsere Fähigkeiten und Kräfte entwickeln sich ungleich. Was gebraucht wird, was sich übt, wird geschmeidig, was nicht dient und sich nicht übt, wird kraftlos und verkümmert. So gewöhnen wir uns an ein beschränktes Gesichtsfeld und eine teilweise Lähmung.

Doch wahre Liebe installiert sich nicht. Fühlt sie sich eingeengt, so verlegt sie sich vermehrt auf Tätigkeiten, die innerhalb des zum Aktionsraum gewordenen Radius wenig Platz einnehmen. Sie glaubt, gut daran zu tun, das Nützliche für notwendig, das Fakultative für obligatorisch zu erachten, sich um jeden

Preis vor Gott zu beweisen. Sie hat in ihrer Art recht, wenn auch die Umstände sie täuschen.

Dann geschieht es, daß wir das übernatürliche Leben auf ein raffiniertes geistliches Leben begrenzen, die Heiligkeit auf unsere Vervollkommnung. Wir tun, was wir können, aber nur soweit unsere Einsicht reicht. Das erlaubt uns, treu zu bleiben.

Aber wenn ein Anderer unser Nächster wird oder wenn unser Nächster sich verändert, wenn er indifferent, ungläubig, gottlos ist, können auch wir uns selber nicht anders treubleiben, als indem wir uns verändern. Wir müssen *sehen,* daß er unser Nächster ist, und es *verstehen,* ihn als solchen zu behandeln.

Heute erlaubt uns ein verengtes Gesichtsfeld nicht mehr, Gott mit einer erfindungsreichen und passiv-raffinierten Liebe zu lieben, und dabei nicht zu wissen, was angesichts einer Welt, die sich von Gott abwendet, zu tun ist.

Der Glaube ist keine Luxusindustrie. Er ist die Kunst des «Gewußt-wie», um Gott zu lieben, indem man für Gott bei Gottes Arbeit mittut. Bei dieser Gott gehörenden Arbeit sind uns höchst bestimmte Aufgaben zugewiesen, denn Gott ist es, der den Anfang macht und der alles durchführt. Er wirkt ohne Unterlaß, er läßt uns keine Muße zum «Basteln».

Wenn aber heute unsere Irrtümer einer Unwissenheit entstammen, wie kommen wir dann zur Einsicht, daß wir Unwissende sind? Wie können wir erfahren, was wir nicht wissen, wenn keiner uns zeigt, daß unsere Art zu glauben falsch ist?

Heute sind wir vor allem der Belehrung bedürftig.

Nachher, erst nachher können wir uns die Frage stellen, ob das absurde Dilemma, worüber das Apostolat heute stolpert, ein echtes oder ein falsches Dilemma ist. Denn es scheint tatsächlich, daß das Christentum inmitten des Abfalls und der zeitgenössischen Atheismen

— entweder bloß noch reagieren kann, um zu überdauern,

— oder auf sie nur einwirken kann, auf die Gefahr hin, sich selbst zu zerstören.

Wir müssen vom ABC an neu und unmittelbar über die christliche Berufung, die christliche Sendung unterwiesen werden. Müssen hören, was der Bischof uns zu sagen hätte, wenn er uns heute firmen würde, in der heutigen Welt und für sie.

Wenn die Kirche uns gegenüber ihr angestammtes Lehramt ausübt, dann werden wir von ihr zugleich in die Glaubenswahrheiten und ihre Lebensbedingungen eingeführt, von ihr geformt, um dann von ihrer Wirklichkeit her zu leben, von ihr erzogen, um ihrer Lebendigkeit gemäß auch zu wirken.

Dann werden wir zweifellos feststellen: wenn unser Christenleben allgemein so unfähig bleibt, die Welt zu durchdringen und deren feindliche Kräfte zu überwinden, so deshalb, weil es nicht restlos und ausschließlich christliches Leben ist; wenn unser Christenleben bei seinem Einsatz in der Welt oft zerbröckelt, aus dem Gleichgewicht gerät oder seine Gestalt einbüßt, wenn es sich mehr als normal verbraucht, so deshalb, weil es nicht restlos und ausschließlich christliches Leben ist.

In beiden Fällen handelt es sich in der Tat um ein christliches Leben, dem gewisse Glaubenswirklichkeiten entschwunden sind, und nicht selten sind es dieselben.

In beiden Fällen handelt es sich um eine Anarchie in der Rangordnung, für die wir zeitliche Verpflichtungen und zufällige Mittel verantwortlich machen; fast immer stehen diese Anarchien im Widerspruch zueinander.

Mission oder Demission

Um in atheistischer Umwelt als Christ zu leben, muß man sie christianisieren.
Wenn wir in einer atheistischen Umwelt leben, stellt sie uns vor die Wahl: zu missionieren oder zu demissionieren.

Wir wußten nicht, daß es ein Evangelium gibt.
Eine christliche Umwelt ist eine solche, der das Evangelium verkündet worden ist. Lange Zeit war keine neue Verkündigung nötig, sie erübrigte sich. Wer als Christ das Evangelium verkünden wollte, mußte sich spezialisieren, aus dem Normalen heraus- und anderswohin ziehen: am Ort verkündete er es nicht, denn dazu war kein Anlaß.

Trotzdem demissionierte er nicht, aber die Verkündigung blieb außerhalb des täglichen Gesichtsfelds; man ließ die übernatürliche Wirklichkeit, die der tragende Grund der Verkündigung ist, in der gleichen scheinbaren Unverwendbarkeit erstarren.

So entschwand diese Wirklichkeit auch ihrerseits dem Blick, weil man nichts mehr von ihr erwartete.

Eine atheistische Umwelt hingegen ist zu christianisieren. Je zeitgemäßer sie ist, desto umfassender muß die christliche Verkündigung sein und desto vordringlicher ist sie.

Und weil die Verkündigung umfassend sein muß, bringt sie die unverwendeten übernatürlichen Wahrheiten in unser praktisches Gesichtsfeld zurück: sie werden für uns aufs neue wirklich und unentbehrlich.

Zum erstenmal geht diese Wirklichkeit uns an, ist wie ein Anruf an uns, neu zu glauben, besser zu glauben. Unsere christliche Berufung, unsere eigene Treue zu Gott werden uns in Erinnerung gebracht.

Und diesmal fällt beim neuergangenen Ruf die christliche Verkündigung nicht mehr außer Betracht. Sie ist nichts Beliebiges mehr: Verkündigung wird eine Art organische Notwendigkeit, eine erstrangige Standespflicht.

Folgen einer Wahl

Halten wir diese Pflicht für eine solche, so wissen wir doch nicht immer, was sie von uns verlangt: denn gestern noch war sie uns unbekannt. Also müssen wir von Grund auf neu lernen, worum es sich für uns handelt. Da es christliche Verkündigung in christianisierter Umwelt nicht gab, blieb sie unbekannt, aber auch unverbogen, und wir können ihre Grundlagen und Modalitäten in ihrer ganzen Echtheit und Schlichtheit neu entdecken.

Rasch werden wir sie dann von dem unterscheiden, was wir «Apostolat treiben» nannten, von all diesen Apostolaten, die als fakultative Praktiken der Vervollkommnung erschienen, als eine Art tugendhafter Ergänzung des christlichen Lebens, so unterschieden von ihm, daß sie davon auch abtrennbar schien.

Christliche Verkündigung hingegen wird uns gezeigt als normale Reaktion unseres Organismus auf die Entchristlichung; als Gebrauch einer Lebensfunktion, als Erledigung eines Auftrags, für den wir konstitutiv ausgerüstet sind.

Christliche Verkündigung ist kein Zeitvertreib. Sie ist Frucht eines LEBENS, normale Auswirkung eines normalen Lebens. Unser ganzes Sein ist dafür eingefordert, wie es den ganzen Baum braucht, um eine Blüte zu treiben.

Die Verkündigung des Evangeliums ist die spezifisch christliche Aufgabe in atheistischer Umwelt, somit wird der Zustand dieser Umwelt die praktischen Voraussetzungen für diese Aufgabe enthalten, die normalen, deshalb auch für uns günstigen Voraussetzungen dafür.

Günstige Voraussetzungen, um die Echtheit des Glaubens wiederherzustellen.
Daß die Christen wirksam sind, ist Verherrlichung für Gott.

In atheistischer Umwelt scheint alles vorbereitet zu sein, damit diese Wirksamkeit unter außergewöhnlich und sichtbar günstigen Voraussetzungen erfolgen kann. Doch scheint das Entziffern dieser Umstände einzig von einer bestimmten Situation abzuhängen, der Situation des christlichen Verkünders.

Wenn der Glaube an sich unwandelbar ist, nicht fortschreitet, sich nicht entwickelt, weil wir von uns aus das ewige Leben, das er uns verschafft, nicht aufwerten oder verbessern können, so befähigt der zum ewigen Leben befähigende Glaube doch solche Leute zu diesem, die alle in jeder Hinsicht Menschen bleiben.

Der Glaube an Jesus Christus ist ein notwendig von jemand aufgenommener und gelebter Glaube, und zwar in jedem «Hier» der Erde und in jedem «Jetzt» der Zeit.

Gelebter, zu christlichem Leben gewordener Glaube muß stets ein einziger, wenn auch nie einförmiger Glaube sein. Was ihn unwandelbar und unerschütterlich macht, überantwortet ihn gleichzeitig der Vielfalt und Bewegung.

Wenn die Tatsache christlicher Verkündigung uns günstige Voraussetzungen für das christliche Leben aufzeigt, selbst dort wo wir anfänglich nur Zersetzung sahen, so weil uns die Tatsache der Verkündigung eine neue Optik aufnötigt, in der das übernatürliche Leben in sein rechtes Verhältnismaß zurückversetzt ist.

Gleichzeitig mit der Atheisierung unseres Nächsten entdecken wir, daß die christliche Verkündigung ihm gegenüber ein Postulat der Liebe ist.

Diese doppelte Entdeckung machen wir neu, ohne Voreingenommenheit. Wir sind diese dramatische Situation nicht gewohnt, ihrem Anruf gegenüber nicht blasiert. Und der Glaube offenbart uns in dieser Lage und für sie, zu ihrer und zu unseren Gunsten seine ewige Aktualität, sein Absolutes und sein Relatives.

Die Gesetze, die uns der Glaube angesichts einer atheistischen Umwelt beibringt, sind keine zufälligen. Was sie uns hier als absolut, gewiß, notwendig verkünden, wird es immer und überall sein. Was sie uns hier als grundlegende Verpflichtung bezeichnen, wird es auch anderswo bleiben.

Und was hier und heute relativ, wechselnd, den Umständen entsprechend ist, wird es auch anderswo und morgen bleiben. Und zwar muß alles, *um zu bleiben, was es ist,* anderswo und morgen sich *geändert* haben.

Günstige Voraussetzungen, um die Vollständigkeit des Glaubens wiederzugewinnen.
Die atheistische Geistesart ist eine solche ohne Gott; Gott hat für sie aufgehört, Gegenstand der Aggression, der Verachtung oder Neugier zu sein. Es gibt ihn nur noch als eine geglaubte Lüge.

Gott interessiert in einer atheistischen Umwelt nur als Glaube. Glaube ist für sie kein göttliches Symptom, das man austreiben müßte, um Gott schachmatt zu setzen. Er ist ein menschliches, historisch überholtes Phänomen. Auszutreiben ist er um der Menschen willen, die der Glaube rückständig macht und in ihrem zeitgemäßen Wirken hemmt. Der Gegner der heutigen Atheismen ist nicht Gott, sondern der Gläubige, und in ihm sein Glaube an Gott.

Eine atheistische Umwelt widerspricht uns in dem Maße als wir Gottgläubige sind; sie ist eine in der Fühlung mit uns stets neu gestellte lebendige Frage. Was sie unternimmt, forscht, verwirklicht, fordert uns ständig heraus, stellt den glaubenden Menschen in Frage, dem die Sinnrichtung aller Dinge gegenläufig scheint. Aus der Fassung gebracht, fragt man sich bald: «Wozu schon glauben? Und was heißt das schon?»

Wir sind außer Fassung, weil wir im Herzpunkt unserer Schwäche getroffen sind, was den Glauben überhaupt angeht, von dem wir weder recht wissen, was er ist, noch was er nicht ist; und was den Gottesglauben angeht, den wir bisher kaum gelebt hatten, weil er uns ein bißchen überflüssig erschien.

Wir sind außer Fassung, weil der Atheismus somit in seinem Urteil über uns recht zu haben scheint. Wir werden uns bewußt, daß wir seine Gegner sind, weil wir unzeitgemäß wurden: Überbleibsel der Vergangenheit, die zusammen mit ihr ausgeschieden werden müssen, ohne andere Zukunft als die, Vergangenheit zu werden. All das betrifft im Grunde unsere Geisteshaltung, wir merken es bloß nicht; wir meinen, der Glaube selbst stehe auf dem Spiel.

Wird eine Glaubensanfechtung aktuell erlebt, so gewiß diese. Sie ist wie ein chemisches Experiment, das zwei vermischte, aber einander fremde Substanzen zur Scheidung bringt. Um dabei die Ganzheit unseres Glaubens wiederzugewinnen, muß sein volles Gesichtsfeld zurückgewonnen werden. Das ist nicht unmöglich; aber wenn der Wille zur christlichen Verkündigung uns bereits ergriffen hat, so wird sich in uns der Glaube, im Maße als er erprobt wird, in seiner Echtheit erweisen. Er erwacht in uns zum vollen Akt, sofern er in ständiger Reaktion steht.

In uns und außer uns schafft ihm seine eigene Dynamik die eigentliche Wirksamkeit. So lernen wir «im Handgemenge», was Glaube ist und wozu er dient.

Um das Verständnis dessen, was ich sagen will, zu erleichtern und auszufalten, zwei Beispiele:

Ein gesundes inneres Leben
In einer atheistischen Umwelt wird das «innere Leben» immerfort auf die Dinge verwiesen, die geglaubt und nicht bloß vorgestellt werden müssen; Dinge, denen wir uns nur anzupassen und nicht das Geringste beizufügen haben.

Es wird ständig angewiesen, die Praxis dessen zu sein, was das übernatürliche Leben Geheimstes in uns hat – kein intellektualistisch überfrachtetes geistliches Leben –; es hat ins Lot gebracht zu werden in bezug auf die Wirklichkeit Gottes.

Es bleibt für uns *innerlich*, hört aber auf, *Innenschau* zu sein.

Autopsien können beim Studium der Medizin behilflich sein; zu leben lehren sie nicht. Wir begreifen jetzt, daß der Wille, zuerst und vor allem ein inneres Leben zu führen, dasselbe wäre, wie wenn einer nach einer anatomischen Tafel leben wollte: etwa des von den übrigen Lebensfunktionen isolierten Atmungssystems, des isolierten Kreislaufs.

Wir entdecken, daß das innere Leben der bloße, aber notwendige Innenaspekt eines Gesamtlebens ist, seiner Ökonomie, seiner Dynamik, seiner Wirksamkeit.

Weil die Lebensbedingungen unseres Nächsten die Verkündigung für uns zu einer fraglosen Notwendigkeit machen, gibt es keine Möglichkeit mehr, das Apostolat zu verdächtigen, in ihm die mögliche Wucherung eines zum Selbstzweck erhobenen Innenlebens zu sehen.

Die beiden Gebote: «Du sollst den Herrn deinen

Gott lieben» und «Du sollst deinen Nächsten lieben wie dich selbst», klemmen uns zwischen zwei Imperative, die nicht unvereinbar sein können, da sie doch das Grundgesetz unseres Lebens bilden; sie klemmen uns in ein unerläßliches Tun, in eine Leistung, von der nichts uns entschuldigen kann.

Sie klemmen uns in den Akt der Verkündigung, in eine Leistung, an der nichts unser eigen ist, und doch alles durch uns getan werden muß beim Einsatz für das Evangelium.

Von hier aus erhellt sich für uns der Sinn des «inneren Lebens»: wirklich als der Kern eines Lebens, nicht bloß seiner Tätigkeiten, seiner Bewegung, sondern tiefer: als Kern eines zur vollen Reife gelangten Lebens, das sein Werk vollbringt, seine Frucht zeitigt.

So sind die Forderungen des Glaubens endlich versammelt, und sie sammeln uns. Sie spalten uns nicht länger.

Realismus des Glaubens

Der «Neophyteneifer» ist die unmittelbare Frucht des Glaubens eines Neubekehrten. Und diesen Glauben des Neubekehrten haben wir zu verkündigen, dürfen deshalb den Blick nicht davon abwenden, da er unsere Daseinsweise endgültig bestimmen und stärken soll.

Durch ihn – den die Ungläubigen uns nicht vergessen lassen – verwirklichen wir, was die Taufe aus uns gemacht hat: der von ihr uns eingesenkte Keim entwickelt sich, ohne von Fremdkörpern, die man mit ihm verwechseln könnte, erstickt, vergewaltigt, begraben zu werden.

Da in den meisten dieser Milieus der Atheismus völlig unwissend ist, geht es praktisch um eine totale Neuchristianisierung.

Eben dies aber ist uns hilfreich, nichts von den

107

grundlegenden Glaubenswahrheiten aus den Augen zu verlieren. Damit wird uns selber der unerschütterliche Weg, den wir zu gehen haben, dauernd erinnert. Es fällt uns viel leichter als anderswo, nicht vom Weg abzukommen.

Die Gesetze unseres leiblichen Lebens verändern sich weder mit dem Ort, an dem wir uns aufhalten, noch mit dem, was wir tun. Das ist uns bekannt. Unser Leben ist eine Wirklichkeit und besteht als solche nur fort, solange sie von wirklichen Gesetzen geregelt wird.

Wo man auch ist, was man auch tut, man ist und wirkt nur, weil man lebendig ist; zum Leben aber muß man essen, atmen, schlafen. Unbedingt.

Wie atmet, ißt, schläft man? Das wechselt je nach dem Ort, wo man weilt, und nach der Art der Beschäftigung. Es gibt Lebensweisen, die bestimmten klimatischen Verhältnissen entsprechen, andere bestimmten Beschäftigungen. Daraus entstehen lokale oder berufliche Verbindlichkeiten. Das aber sind dann eben Verbindlichkeiten, keine Notwendigkeiten mehr.

Wenn wir in ein ungläubiges Milieu kommen, wissen wir in allzu vielen relativen, veränderlichen, fakultativen Dingen Bescheid, sind aber nicht sicher genug in dem, was gewiß und unerläßlich ist.

Um zu erfahren, wie man lebt, ißt, schläft, atmet, beginnen die Menschen nicht damit, biologische oder physiologische Studien zu treiben. Eine Autopsie lehrt nur sehr indirekt etwas vom Leben.

Die christliche Bildung, die uns fehlt, besteht darin, leben zu lernen, indem man lebt, handelt, arbeitet. Im gleichen Zug auch zu lernen, daß der Leib mehr ist als das Kleid, das Leben mehr als die Nahrung. Glauben zu lernen, wie wir als Kinder leben gelernt haben... Wir erfahren dann, als Rückwirkung, was vom Übernatürlichen her für uns unsinnig wäre.

Wir werden uns nicht wie Wahnsinnige gebärden: nicht mit den Ärmeln statt mit den Händen arbeiten wollen, uns nicht in den Kopf setzen, leben zu wollen, ohne zu essen, oder wie jener Narr in der Anekdote, an der Decke zu malen versuchen, «indem man sich im Gleichgewicht hält».

Weil Christen ein solches höchst geistliches Gleichgewicht praktiziert haben, sind sie so oft in ungläubiger Umgebung ins Schwanken geraten oder zusammengebrochen.

(Zusatz 1962)

Der Glaube ist ein Realismus, nur wir machen daraus oft eine Abstraktion, ein System von Abstraktionen, und das zu unrecht.

Wir machen daraus eine – abstrakte – Lebenskunst, eine Philosophie oder ein Denksystem, ziehen Ideen daraus oder machen uns eine Idee davon. Nun aber ist der Glaube eine praktische Wissenschaft, das «Gewußt-wie» des Lebens, und zwar heute und hier.

Immerfort täuschen wir uns über ihn: es gibt keinen Glauben in Reinkultur; der Glaube ist für einen Menschen da, für ein Menschenleben, und um dieses Menschenleben in Christus dem Heil aller Menschen zu widmen, um es in der Kirche der gesamten Welt zu weihen.

Der Glaube ist in der Zeit und für die Zeit: jene Zeit nämlich, in der sich dieses Menschenleben abspielt. Man könnte sagen: der Glaube ist die Liebe Gottes, die sich in dieser Zeit engagiert; der Glaube ist der zeitliche Einsatz der Liebe Gottes.

Und sofern es um unsere Zeit geht, wird der Glaube von uns nur dann kraftvoll gelebt, wenn er uns im Jetzigen, Augenblicklichen, Unmittelbaren erleuchtet und stärkt.

Denn der Glaube ist da für die Liebe. Das Leben, das er von innen her verwandelt, wird somit ein Leben, das die Liebe Gottes kundtut und verwirklicht, sie trägt, so wie ein Baum seine Früchte trägt, ein Leben, in dem die beiden Gebote untrennbar und unteilbar eins sind.

Ohne Privileg

Das Gesetz Christi kann nur von demütigen und sanften Herzen gelebt werden. Sanftmut und Demut sind – in der kindlichen Liebe zu Gott, in der brüderlichen zu den Menschen – die Züge Jesu Christi selbst.

Was immer ihre persönliche Begabung sein mag, ihr Platz in der Gesellschaft, ihr Amt oder ihr Besitz, ihr Rang oder ihre Rasse, welches auch immer der Entwicklungsgrad menschlicher Macht und Humanwissenschaften, die Entwicklung der unerhörten Menschheitsevolution und ihrer Geschichte: die Christen bleiben geringe Leute: sie sind *Kleine*.

Klein vor Gott, weil von ihm geschaffen und abhängig von ihm. Welches auch die Wege ihres Lebens, welches seine Güter sein mögen: in allem steht Gott am Ursprung und am Ziel.

Sanft wie schwache und liebende Kinder sind sie, an den starken und liebenden Vater geschmiegt.

Klein, weil sie sich vor Gott weniger Dinge kundig fühlen, weniger Dinge fähig, beschränkt in Erkenntnis und Liebe.

In dem, was sich ereignet, zerreden sie den Willen Gottes nicht, noch das, was Christus ihnen zu tun aufgetragen hat, damit sie ihrerseits den Willen Gottes in diesen Ereignissen erfüllen.

Sanft wie vertrauende und rührige Vollbringer eines Werkes, das sie in seinem Übermaß nicht übersehen, in dem sie aber den eigenen Auftrag kennen.

Klein vor den Menschen. Klein, nicht bedeutsam, nicht wichtig: ohne Privileg, ohne Rechte, ohne Besitz, ohne Überlegenheit. Sanft, weil auf zarte Art ehrfürchtig vor dem, was Gott gewirkt hat und was verletzt ist, von Gewalt geschändet. Sanft, weil sie selber Opfer des Argen sind und von ihm befleckt.

Als solche, denen verziehen worden ist – nicht als Unschuldige –, sind sie berufen.

Der Christ ist für den Kampf bestimmt. Er besitzt keinerlei Vorrecht, sondern den Auftrag, über das Böse zu siegen. Er besitzt keinerlei Recht, sondern die ihm besondere Pflicht, gegen das Unglück, diese Folge des Bösen, zu kämpfen.

Dazu hat er eine einzige Waffe: seinen Glauben. Den Glauben, den er verkünden muß, der das Böse in Gutes verwandelt, wenn er selber das Leiden als einen Kraftquell für das Heil der Welt annimmt, wenn Sterben für ihn heißt: das Leben hingeben; wenn all der fremde Schmerz zu dem seinigen wird.

Inmitten der Zeit, in seinem Wort und seinen Taten, durch sein Leiden und Sterben müht er sich wie Christus, mit ihm und durch ihn.

Die Ekstase deiner Verfügungen

Wenn einer, der uns liebt, etwas von uns verlangt,
danken wir ihm, daß er uns brauchen kann.

Wenn es dir gefiele, Herr, während unseres ganzen
   Lebens
ein einziges Ding von uns zu fordern,
wir könnten's vor Entzücken nicht fassen,
und dies eine Mal deinen Willen erfüllt zu haben,
wäre das Ereignis unseres Schicksals.

Aber weil du täglich, stündlich, minütlich,
uns eine solche Ehre antust,
finden wir das so natürlich, daß wir blasiert sind,
und genug davon haben.

Und doch,
verstünden wir, wie ganz unausdenklich dein
   Geheimnis ist,
wir wären verblüfft,
wenn wir diese Funken deines Willens erblickten:
unsere winzigen Aufgaben.
Wir wären geblendet, wenn wir in dieser riesigen
Finsternis, die uns einhüllt, erführen
die ungezählten,
die ganz exakten,
persönlichen
Lichter deiner Verfügungen.

An dem Tag, da wir das verstünden, träten wir ins
   Leben,
wie eine Art Propheten,
wie Seher deiner leisen Vorsehungen,
Täter deiner Eingriffe.

Nichts wäre mittelmäßig, denn alles wäre entworfen
von dir,
nichts wäre zu schwer, denn alles wurzelte in dir,
nichts wäre traurig, denn alles wäre gewollt von dir,
nichts wäre langweilig, denn alles spräche von
deiner Liebe.
Wir alle sind vorbestimmt zur Ekstase,
alle berufen aus unsern armseligen Machenschaften
heraus,
um Stunde für Stunde in deinen Plan aufzutauchen.
Nicht sind wir Armselige, die man sich selbst über-
läßt,
immer Glückselige, die berufen wurden,
berufen, zu wissen, was dir zu tun gefällt,
berufen, zu wissen, was du jeden Augenblick von
uns willst:
Leute, die dir ein bißchen nötig sind,
Leute, deren Gebärden dir fehlen würden,
wenn wir uns weigerten, sie zu tun.
Das Knäuelchen Stopfgarn, der zu schreibende
Brief,
das aufzunehmende Kind, der zu erheiternde Gatte,
die zu öffnende Tür, der abzuhebende Hörer,
die auszuhaltende Migräne:
Lauter Sprungbretter in die Ekstase,
lauter Brücken aus unserem armen Leben,
unserem Widerwillen, hinüber
zum stillen Gestade deines Wohlgefallens.

Überall, wo wir sind

Die Einsamkeit, o mein Gott,
besteht nicht darin, daß wir allein sind,
sondern darin, daß du da bist,
denn vor dir sinkt alles in Tod,
oder alles wird du.

Was hülfe es uns, ans Ende der Welt zu gehen,
um dort eine Wüste zu finden?
Wozu uns hinter Mauern begeben,
die uns trennten von der Welt?
Denn du wirst dort nicht gegenwärtiger sein als im
  Maschinengetöse, in dieser hundertgesichtigen
  Masse.

Sind wir so kindisch, zu meinen, all diese versammel-
ten Leute seien mächtig genug,
wichtig genug,
lebendig genug,
um uns die Sicht zu verstellen, wenn wir Ausschau
halten nach dir?

Allein sein
heißt nicht, die Menschen hinter sich gelassen oder
sie verlassen zu haben;
allein sein heißt wissen, daß du groß bist, mein Gott,
daß einzig du es bist,
und daß kein merklicher Unterschied besteht
zwischen der Unabsehbarkeit von Sandkörnern und
der Unabsehbarkeit versammelter menschlicher
Leben.

Der Unterschied, er zerstört die Einsamkeit nicht,
denn was sie, diese menschlichen Leben, sichtbarer

macht den Augen unserer Seele, gegenwärtiger,
ist diese Verbundenheit, die ihnen von dir kommt,
diese unerhörte Ähnlichkeit
mit dem Einen, der wahrhaft ist.
Wie ein Saum ist es um dich her, und dieser Saum
    verletzt die Einsamkeit nicht.

Wissen, ein einziges Mal im Leben, daß einzig du
bist!
Einmal nur begegnet sein
– und das vielleicht in einer wirklichen Wüste –
dem Busch, der lodert, ohne sich zu verzehren;
dem, der in uns und für immer begründet hat
die Einsamkeit.

Moses, der ihn ein einziges Mal erschaute, den
unsäglichen Busch,
konnte zurück zu den Menschen,
er trug in sich eine unwandelbare Wüste.
So auch wir,
werfen wir der Welt nicht vor
und nicht dem Leben,
uns das Angesicht Gottes zu verhüllen.
Finden wir's, dieses Antlitz, dann wird es alle
Dinge einhüllen,
sie eingehen lassen in sich.

Lassen wir unsere Kindereien.

Das Holz, das im Feuer brennt, kümmert sich nicht
um die Landschaft.
Wir wohnen in einem riesigen Scheiterhaufen.
Sengt er uns nicht, so weil unsere Füße daneben
sind,
die Schuld trägt nicht die Umgebung.

Was verschlägt unser Ort in der Welt,
ob er bevölkert ist oder öde,
wo immer wir sind, «Gott mit uns»,
Jeder von uns ein Emmanuel.

Anmut und Behagen

Unser großer Schmerz ist, daß wir dich ohne
   Freude lieben,
o du, von dem wir «glauben», du seist unser Jubel;
daß wir ohne Behagen und Anmut
an deinen Willen gekrampft sind, der unsere Tage
   bewegt.

Ein großer Schmerz, Herr, ist es für uns, einen
   Künstler zu hören,
wie er die Menschenmusik ohne Ermüdung spielt,
indem er sich von ihr tragen läßt,
und durch die Akrobatik der Harmonien hindurch
einer Welle von Liebe begegnet, die doch nur
   Menschenmaß hat.

Von ihm vielleicht sollten wir es lernen,
deine Liebe zu spielen,
wir, für die diese Liebe
zu groß, zu schwer ist.

Ich sah einen, der eine Zigeunerweise spielte
auf einer Geige aus Holz,
Mit Händen aus Fleisch.
In dieser Geige trafen sich sein Herz und die Musik.
Die Zuhörer hätten niemals erraten können,
daß die Melodie schwierig war,
Und wie lang er Tonleitern üben mußte,
seine Finger verrenken,
um die Noten und Klänge sich in die Fibern
seines Gehirns einprägen zu lassen.

Sein Körper war fast ohne Bewegung,
nur seine Finger, seine Arme.

Wenn er sich lang bemüht hatte, die Wissenschaft
der Musik zu besitzen,
so war es jetzt die Musik,
die ihn besaß,
ihn belebte,
ihn aus sich selber hinauswarf
wie eine tönende Entzückung.

Unter jeder gespielten Note hätte man eine ganze
Geschichte
von Fingerübungen, Anstrengungen, Kämpfen
entdecken können;
aber jede Note enteilte, als sei ihre Aufgabe
erledigt,
wenn sie durch ihren genauen, vollkommenen
Klang den Weg
für eine andere vollkommene Note gebahnt.
Jede dauerte solange es nötig war.
Keine ging zu schnell los.
Keine verzögerte sich.
Sie dienten einem unmerklichen und allmächtigen
    Hauch.

Ich sah auch schlechte Künstler, verkrampft
über zu schwierigen Stücken.
Ihr Spiel offenbarte ihre ganze Mühsal.
Vor lauter Hinsehn hörte man die Musik kaum.

Ein großer Schmerz für uns ist es,
daß wir deine schöne Musik so freudlos spielen,
Herr, der du uns Tag um Tag bewegst.
Daß wir immer noch bei den Tonleitern sind,
bei der Zeit der anmutslosen Bemühungen.
Daß wir zwischen den Menschen hindurchgehn
wie schwerbeladene, ernste, überanstrengte Leute.

Daß wir es nicht fertigbringen, über unserm Winkel
der Welt,
während der Arbeit, der Hast, der Ermüdung
etwas auszubreiten wie
Anmut und Behagen der Ewigkeit.

Humor in der Liebe

Für den, der uns näherhin kennt, wäre es lachhaft,
   wirklich,
wenn wir in unserer Liebe nicht ein wenig Humor
   aufbrächten,
denn wir sind reichlich komische Masken,
und wenig bereit, unsere eigene Hanswurstelei zu
   belachen.

Herr, ich liebe dich über alles... im allgemeinen;
aber so viel mehr als dich, grad jetzt in diesem
   Momentchen,
eine englische Zigarette, oder gar einen Stumpen!

Herr, ich schenke dir mein Leben, mein ganzes
   Leben...
Aber nicht dieses kleine Stückchen davon, diese
   drei Minuten...
wo ich so wenig Lust zum Arbeiten habe.

Herr, dir die Stadt, die Heimat, ja die Welt zu gewinnen,
mich verzehren für dein kommendes Reich...
aber nicht diese unerträgliche Kreatur anhören, die mir
zum hundersten Mal ihre winzigen Sorgen erzählt.

Ja, wir sind Helden einer Buffokomödie, und es wäre
normal, wir säßen als die ersten Zuschauer davor.
Aber damit ist die Sache noch nicht zu Ende.

Hat man diese unbezahlbare Komik entdeckt, ist
   man ausgebrochen
in ein großes Gelächter angesichts der Posse
   unseres Lebens,
dann möchte man sich schlicht zur Karriere eines
   Clowns entschließen,

für die man, alles in allem, leidlich begabt scheint.

Man wäre zu denken versucht, dem käme
wenig Bedeutung zu, und daß neben den Erhabenen,
den Starken,
den Heiligen,
Platz wäre für Kasperl und Possenreißer,
die den lieben Gott gewiß kaum behelligen.
Sehr erhebend ist die Rolle zwar nicht, aber ander-
seits
auch nicht sehr ermüdend, was schließlich ein Vorteil wäre.

Hier nun ist es Zeit, sich zu erinnern,
daß Gott uns nicht geschaffen hat für Nur-Mensch-
liches,
sondern für diese ewige und schreckliche Liebe,
mit der er alles Erschaffene seit ewig liebt.

Und so müssen wir Ja zu dieser Liebe sagen,
nicht mehr als imposanter, großherziger Partner,
aber als ihr stumpfsinniger Nutznießer,
ohne Anmut,
ohne bewährte Treue.

In diesem Abenteuer der Barmherzigkeit aber sollen
wir
alles geben, was wir vermögen, bis auf den Rumpf,
und sollen auch lachen können, wenn
diese Gabe verpatzt ist, verschmutzt und unrein.
Aber nicht minder uns staunend verwundern
mit Tränen der Dankbarkeit und der Freude,
vor dem unerschöpflichen Schatz, der aus Gottes
Herz in uns rinnt.

An diesem Kreuzweg zwischen Lachen und Freude
ruht zuletzt unser unverwüstlicher Friede.

Der Freiheit entgegen

Du bist Christ durch und für die christliche Liebe,
durch nichts sonst und für nichts außerdem.

Vergißt du die Liebe, machst du dich lächerlich;
verrätst du sie, so wirst du ein Unhold.
Keine Gerechtigkeit kann ihres Gesetzes entraten.
Wendest du dich von ihr ab, um Größeres zu emp-
    fangen als sie,
so ziehst du den Reichtum dem LEBEN vor.
Wendest du dich von ihr ab, um Größeres zu ver-
    schenken als sie,
so beraubst du die ganze Welt
dieses einzigen Schatzes, für dessen Verteilung du
    lebst.
Ist für dich die Liebe praktisch fakultativ,
so war es überflüssig, dich nach Abidjan oder
    anderswohin zu begeben,
denn du bist nur ein Nichtsnutz.
Wir sind frei von jeder Verpflichtung,
einer einzigen Notwendigkeit aber restlos
    verpflichtet: der Liebe.

Die Liebe ist mehr als das zum Dasein Notwendige,
            mehr als das zum Leben Erforderte,
            mehr als das zum Handeln
            Unentbehrliche;
die Liebe ist unser Leben, das zum ewigen Leben
    wird.
Lassen wir die Liebe, so lassen wir unser Leben.
Ein Akt ohne Liebe ist ein plötzlicher Tod,
ein Akt der Liebe ist eine sofortige Auferstehung.
Du kannst die Liebe nicht fabrizieren, sie wird dir
    geschenkt;

die unvollkommene Liebe ist ein unvollkommen
    empfangenes Geschenk,
die vollkommene Liebe aber ein restlos entgegen-
    genommenes.
Die Liebe ist umsonst, nicht minder als sie
    notwendig ist.
Du gewinnst sie nicht wie einen Wettbewerb.
Du gewinnst sie, indem du sie ersehnst, erbittest,
    empfängst und weiterverschenkst.
Man eignet sich die Liebe nicht an, man lernt sie
    nach und nach kennen,
indem man den Herrn kennenlernt.
Der Glaube an Christus ist's, der uns fähig macht
    zur Liebe;
das Leben Christi offenbart uns die Liebe;
das Leben Christi zeigt uns, wie man die Liebe
    begehren, erflehen, in Empfang nehmen soll.
Einzig der Geist des Herrn macht uns
    lebendig für die Liebe,
    handelnd durch die Liebe,
    fruchtbar aus Liebe.
Du kannst der Liebe dienstbar sein,
ohne sie bleibt alles fruchtlos, vor allem wir selbst.

Des Todes wirst du sterben

In den Klöstern trifft man nicht selten
Anstalten zum Sterben.

Wir andern, wir haben dazu keine Zeit;
werden aber dennoch weise darauf vorbereitet.

Das Leben selber bereitet uns auf den Tod vor,
und es versteht sein Geschäft.
Genug, wenn man ihm zuhört, es ansieht, ihm folgt.

In kleinen Schritten erklärt es uns den Tod
oder in großen, je nach den Tagen.
Manchmal ohne uns überhaupt wehzutun.
Andere Male renkt es uns aus vor Schmerz.
Manchmal unterstreicht es unsere alltäglichen
    kleinen Tode,
andere Male streckt es Tote vor uns hin,
die wir mehr lieben als uns selber.

Man lernt den Tod des Morgens, wenn man sich
    kämmt
und die Haare unsern Kopf verlassen;
der Zahn, der uns lange wehtat, davongeht;
unsere Haut sich an den Augenwinkeln fältelt;
wenn man, Erinnerungsfetzen erzählend, sagen
    kann:
«Zehn Jahre sind es her oder zwanzig, dreißig...»;
wenn man, alljährlich, mit Blumen kommt,
uns einen guten Geburtstag zu wünschen,
Blumen, die ein klein wenig nach Friedhof aussehn
und die das eine Jahr weniger vor unserem letzten
    feiern.

Den Tod, man lernt ihn bei der Wiederbegegnung
   mit denen,
die uns unsere Kindheit aufbewahren
und für die wir noch immer die Kleinen sind:
Erinnerungen entgleiten, Unbeweglichkeit stellt sich
   ein;
Felder des Menschlichen werden vorweg vom Tode
   besetzt.
Bei jeder Rückkehr ins Land unserer Jugend
verkürzt sich die Liste der Lebenden, die man
   besucht,
und der Besuch bei den Gräbern wird länger.

Den Tod erlernt man bei jedem endgültigen Losriß
   von den Geliebten.
Denn selbst wenn der Glaube mit der Hoffnung
   vereint
und auch unsere Liebe für sie
uns dankbar sein lassen, sie zurückgegeben zu
   haben:
wir selber bleiben zurück, mit unserem aufmuk-
   kenden Blut,
unserem gehöhlten, versehrten Fleisch,
diesem Fleisch, von dem man anscheinend ein
   großes Stück umgebracht hat,
und diesem Grauen vor dem Lehm, der Nacht und
   der Kälte,
das selbst Jesus Tränen entlockte.
Den Tod erlernt man in der Dämmerung zwischen
   Wachen und Schlummer.
Wir spüren sein Lauern, kauernd in unserem Hohlen,
er bläst uns ins Antlitz, wie um uns mürbe zu
   machen,
und wir sind erstaunt, daß uns so viel Mut nötig ist.

Um den Tod zu lernen, braucht man kein Dichter
zu sein,
jeweils am Abend, jeweils im Oktober,
mit dem alten Hund, den man stechen muß,
und diesen seltsamen kleinen Leichen von Maul-
würfen und Eidechsen
auf den Straßen, plattgedrückt von den Autorädern.

Das Leben bringt uns das Sterben bei,
aber der Tod seinerseits wird zum Lebemeister,
uns, die wir um die menschliche Buße wissen.

Wie eine Mutter bei der Niederkunft ihr werdendes
Kind erschmerzt,
wie ein Vater schwitzt, um das lebende zu ernähren,
so tragen wir unseren Tod in uns,
den begonnenen,
bald vollendeten
als unsere wahre und endgültige Niederkunft.

Aber wichtig ist, bei jedem Sterben ordentlich geboren zu werden.
Ein wenig geboren zu werden, wenn wir ein wenig
sterben,
und tüchtig geboren zu werden, wenn wir tüchtig
sterben.
Wichtig, bei diesem Umgang mit dem Tod,
den Umgang mit dem Leben zu lernen,
Sich zum Ewigen hinüberzuwenden, wie beim Ab-
ziehen eines Films, wobei alles Schwarze weiß
wird.

Wichtig, die Augen des Glaubens aufzuschlagen,
wo die unsern versagen.
Und wie wir, unsern Garten betrachtend, uns kei-

neswegs über das Gilben eines Grashalms entsetzen,
sollen wir uns von den «Ewen der Ewen» so fesseln lassen,
daß die Dauer unseres Lebens uns wenig kümmert,
und alles, was wir lieben, schon übersetzt sei
in eine ewige Stille.
So lernen wir des Todes zu sterben
in wahrhaftiges Leben.